◆ 中央高校基本科研业务费专项资金资助项目：
通用型对外汉语教材中的语块编排研究（20720161011）

U0735154

马杜娟 ◎ 著

汉语作为第二语言的语块研究：
特征、教学与教材编写

厦门大学出版社
XIAMEN UNIVERSITY PRESS
国家一级出版社
全国百佳图书出版单位

图书在版编目(CIP)数据

汉语作为第二语言的语块研究:特征、教学与教材编写/马杜娟著.—厦门:厦门大学出版社,2022.6
ISBN 978-7-5615-8617-4

Ⅰ.①汉… Ⅱ.①马… Ⅲ.①汉语—对外汉语教学—教学研究 Ⅳ.①H195.3

中国版本图书馆 CIP 数据核字(2022)第 097917 号

出 版 人	郑文礼
责任编辑	刘 璐
封面设计	张雨秋
技术编辑	朱 楷

出版发行 厦门大学出版社

社 址	厦门市软件园二期望海路 39 号
邮政编码	361008
总 机	0592-2181111 0592-2181406(传真)
营销中心	0592-2184458 0592-2181365
网 址	http://www.xmupress.com
邮 箱	xmup@xmupress.com
印 刷	厦门市青友数字印刷科技有限公司

开本	720 mm×1 000 mm 1/16
印张	13.75
字数	247 千字
版次	2022 年 6 月第 1 版
印次	2022 年 6 月第 1 次印刷
定价	68.00 元

本书如有印装质量问题请直接寄承印厂调换

厦门大学出版社
微信二维码

厦门大学出版社
微博二维码

序

2002 年,温端政发表了《论语词分立》一文,提倡应该把"语"立为独立的词汇学研究范畴。紧接着,又出版了《汉语语汇学》(2005)和《汉语语汇学教程》(2006),后来,商务印书馆也出版了他和吴建生主编的《汉语语汇学研究》(2009)。那时,西方的"语块"(chunk)的概念虽已进入中国,但还没有引起很多人的注意。其实,"语"的概念在汉语里早就有了,成语、谚语、俗语、俚语、术语、熟语、短语、仿语、略语、歇后语、惯用语、口头语、习用语、常用语、流行语、双关语、引用语、缩略语、外来语这些说法,多半就是指的这类比词大、比句小的语言单位,"词语"就是词和语的联称,"语句"就是用语组成句,这些都是说汉语的中国人所熟知的概念。这和西方学者所说的"语块"——"词与句之间、形式功能兼备、有习惯的用义"并没有多少不同。可见,词与句之间这个结构单位是世界语言都有的。当然,不同的语言的构成和用法又是各不相同的。

作为语言学研究的对象,这个词句之间的单位,需要一个准确定义的用语,也需要划定一个恰当的范围,才能明确其研究内容和应用的领域。就汉语的"语"来说,长度有短有长,短的只有三四个字,如"没关系、不咋地、三长两短、兔死狐悲"等插入语、成语;长的如"不怕慢、就怕站,命长不怕路远,三人行必有我师焉"等惯用语、谚语、引用语。其范围有大有小,小的如上述结构稳定、意义凝固的短语,扩大一些,有弹性的离合词(如"说得清,说不清"),体词和谓词组合或虚词与实词相配的固定结构(如"在……之间,连……都……")这些常见的固定组合,作为"语块"来研究,不论是考察词和语的组合规则和虚词在组成句子中的作用,或者对二语学习者的教学设计,都是很有必要的。不过,"语块"的研究兴起之后,有人把它视为灵物,不断扩充范围,把"专有名词"(老年大学、青藏公路)、"固定短语"(公共汽车、职业中学)以及许多"常用搭配"(经济价值、热爱家乡)也包括在内,不像我们原来理解的"语"那样,结构稳定、意义重组,变成了可以广泛类推的多词组合,这一来,怕就会失去控制,成为放大了的"砖块",而不是"预制板"了。就认知来说,两词相加,按照两个词的意义加上构词法的关系义去理解就行了，何必劳心费神地作为精心雕琢品去逐一记忆呢？就二语教学说，把那么多的短语拉入生词表，会不会喧宾夺主呢？

　　马杜娟的《汉语作为第二语言的语块研究》是她博士论文的延伸研究的新成果。她在繁忙的工作中能够认定一个方向，遍览群书，结合自己的教学实践，开展相关的试验研究，写成了这样一本大书，实属不易。有的人把博士论文视为到达终点的慰劳鲜花，做学问也就终止了，她却是把它作为新的起点，结合手头的工作，把已有的思考作为工作的指导，把工作作为继续研究的试验场，把教学和研究结合起来，相互为用，相互促进。对外汉语教学虽说已经有半个多世纪的历史，其实，好多问题我们还没有研究清楚，尤其是走出国门，要教好对中国语言的特点知之甚少的外国人，怎样让他们学好这个特立独行的第二语言的"另类"，我们在实践中碰到过许多钉子，走过各种各样不同的道路，到现在也还不是十分心中有数。马杜娟走到这条教学与科研相结合的道路值得庆幸，她不离不弃的拼搏精神是很可贵的。

　　本书的绪论和"特征篇"是全书的精彩部分。正像是博士论文要求的那样，首先要做好本课题已有研究的"综述"。关于"语块"理论的引进和各家的研究情况和各种不同的观点都做了条分缕析的交代，词与句之间的这个语言单位在汉语中是如何表现出自己的特征的，也做了必要的分析。关于"语块"的划界和分类，本书的处理则比较谨慎，注意划分狭义和广义的语块；把固定结构、半固定结构和自由结构区别开来，强调了必须多关注固定的结构。

　　在"教学篇"，本书结合作者在教学过程中所做的思考和设计，列述了自己经过实践的心得，加以条理化的说明。在一些"语块"集中成块的地方（如常见的与介词连用的固定词组）还着力讨论，进行特写式的描述。在说明"语块"教学如果不能引导学习者正确识别，在言语应用中就会出差错，用许多中介语的病句做了有力的证明。在"教材篇"，选用了被广泛采用的两种教材《发展汉语》和《成功之路》所列入的"语块"的用例进行分析，考察在生词罗列、课文选材和练习设计各个方面所做的处理，权衡其长短利弊。在这方面的分析中，用了许多教材和语料库的统计数字加以论证，这就更加使人信服。相信从事过汉语二语教学的老师，应该能从中闻到那片田野上发出来的泥土气味，引起兴趣的共鸣，和她一起就"语块"的选材和教学进行思考和切磋。

　　随着国家各方面实力的增强和国际地位的提高，汉语国际教育的事业方兴未艾。在这条战线上奋斗的老师，任务繁重，工作紧张，由于汉语的与众不同，在教学中遇到的、需要通过研究加以解决的问题又多。就"语块"的研究而论,理论上牵连到词汇、语法、语用等方面的考察和分析,应用方面又与教材编写、教学方法的处理相关,没有常年的关注和思考、设计和总结,是很难得到真知灼见的。希望本书能在这些方面给同行们一些启发,哪怕说得不透彻,从而引起争论,也是有好处的。只有群策群力,我们的事业才能向前推进。

李如龙
于 2021 年末

目 录

第一章 绪论

第一节 研究现状

　　语块理论进入汉语研究的时间不长,近些年,汉语语块在二语教学中的作用和价值逐渐得到越来越多的关注。本节即是对汉语语块研究现状的一个梳理。

一、汉语语块的本体研究

(一)汉语语块的定义

　　"Chunk"是美国著名的心理学家米勒(G.Miller)在研究人脑记忆时提出的心理学术语,米勒指出人脑的短时记忆限度是 7±2 个语块。鲁川等(2002)指出"语块"于 1986 年被引入汉语语法研究之中,作为汉语的造句单位来使用,文章明确提出在研究汉语语序时,"造句单位"是"语块"而不是"词",汉语句子最合适的长度也是 7±2 个语块,超过了(7+2=)9 个语块,就会出现"记住后半句,忘了前半句"的现象。可见,"语块"这个术语在产生之初和引入中国早期,是作为记忆单位和造句单位来使用的,对其大小、结构、意义等均没有明确的界定。

　　后来,语块的内涵逐渐明晰。Nattinger 和 De Caricco 从词汇学的角度,提出语块"是一种存在于传统定义的词汇和句法之间的,和一般出现的语言相比,更经常出现在语言中的,形式功能兼备的,并更具固定惯用义的自然词汇现象"[①]。Wray 将语块定义为"一个预知的连贯或不连贯的词或其他意义单位,它整体存取在记忆中,使用时直接提取,无须语法生成和分析"[②]。以上是

[①] Nattinger,J.R.& J.S.De Caricco.Lexical Phrases And Language Teaching[M].上海:上海外语教育出版社,2000:1.

[②] Wray,A.Formulaic language and the lexicon[M].Cambridge University Press,2002:9.

学界认为对"语块"比较科学完整的两个界定，Nattinger 和 De Caricco 强调"词汇和句法之间""形式功能兼备""固定惯用义"，Wray 强调"连贯或不连贯""整体存取"，对语块的大小、结构、意义、存取特征有了基本认识。

此后，中国学者对汉语语块的界定也基本延续了这种认识，请先看下面几个常见的汉语语块定义：

(1)一种经常出现在各类句子的，具有构句功能的，比词大的单位(周健，2007)。

(2)介于词汇和句子之间的模式化的短语(贾光茂、杜英，2008)。

(3)在汉语言生活中使用高频、语义形式较为固定、语言意义明确，大于词且具有构句功能的凝固、半凝固以及自由搭配结构的词汇组块(鲁波，2012)。

(4)由两个或两个以上的语素组成的不大于句子的预制性非词序列，在使用中常被整体存储和提取(王文龙，2013)。

(5)语块是由连续或不连续的词语或其他有义元素预先整合成模块的，形式、意义/功能相匹配的实体性语言交际单位(薛小芳、施春宏，2013)。

综合以上定义，学界对汉语语块的界定着重强调以下几个方面：在形式上，比词大，比句子小，是预制性非词序列；在语义上，意义较为凝固、明确；在功能上，可以构句；在使用上，高频、便于整体存储和提取。可见，汉语语块的定义基本是在西方语块定义框架内的阐释，创新不多，对汉语特征体现不明显。

(二)汉语语块的分类

2004 年，刘运同最早将汉语词汇短语分为固定词串和固定框架两大类。此后，学界对汉语语块的分类研究逐步深入，详见表 1-1。

表 1-1　汉语语块的分类*

学者	分类
周健(2007)	词语常见组合搭配、习用短语、句子中连接成分等类固定结构
王慧(2007)	短语层面的固定语块、短语层面的带空语块、句子层面的固定语块、句子层面的带空语块
钱旭菁(2008)	词级语块、句级语块、语篇语块
亓文香(2008)	固定搭配、词语构造成分、句子构造成分
李慧(2008、2013)	短语、固定语句、框架
贾光茂、杜英(2008)	凝固结构、半凝固结构
宋文杰(2009)	多词结构、语型、特殊句式

续表

学者	分类
陈红（2009）	虚词语块、固定短语语块、实词语块
周倞（2009）	固定结构、填补结构、关联结构
丛姗姗（2010）	凝固结构、半凝固结构、自由结构
杨金华、李恒敏（2011）	内部成分及其位置不变的组合、不变成分加可变成分的组合、框式组合
袁瑞玲（2012）	语汇层面的语块、句子层面的语块、句群层面的语块
鲁波（2012）	固定结构、半固定结构、自由结构
龙海英（2012）	凝固结构、半凝固结构、自由结构
王文龙（2013）	搭配、框架格式、习惯用语、熟语、套语
薛小芳、施春宏（2013）	整件式、系联式
江新、李瓅聪（2017）	连续式语块、框架式语块
王凤兰等（2017）	从语法、语义、语用三个维度对语块进行分类（详见图 1-1）

  * 为考察学界对汉语语块进行分类的首要标准,此表只展示各位学者对汉语语块的第一层分类结果,不展示其下位分类。

　　从表 1-1 可以看出,学界对汉语语块的分类研究成果很多,分出的类别也有同有异,这主要源于分类标准的不同。

　　汉语语块的分类标准主要有四:一、从汉语本身语法单位和结构层级特点出发,划分出词、短语、句子、句群、语篇等语块类型,有粗有细,如周健(2007)、钱旭菁(2008)、亓文香(2008)、李慧(2008、2013)、宋文杰(2009)、陈红(2009)、袁瑞玲(2012)。二、从语块内部成分的凝固程度出发,划分出凝固、半凝固、自由语块或连续式语块、框架式语块等,如贾光茂、杜英(2008),周倞(2009),丛姗姗(2010),杨金华、李恒敏(2011),鲁波(2012),龙海英(2012),王文龙(2013),江新、李瓅聪(2017)。三、兼顾语法层级结构和语块内部成分的凝固程度,分出的类别更细致,如王慧(2007)。以上三种分类标准主要侧重语法和语义范畴,反映了早期汉语语块分类研究的基本状况。四、近年来,学界开始关注语用标准,薛小芳、施春宏(2013)从语块在语篇中的作用方式对语块进行分类,注重语块的语篇功能,王凤兰等(2017)更明确地从语法、语义和语用三个维度对汉语语块分类进行研究,符合汉语实际,分出的类别也更合理。

语义标准				语法标准										语用标准	
				搭配						框式结构					
				同层结构				跨层结构							
惯用语	成语（含固定短语）	俗语	歇后语	名词性结构	动词性结构	主谓结构	其他结构	基本词汇化结构	未词汇化结构	双项双框式	单项双框式	双项单框式	单项单框式	话说标记语	社交客套语

图 1-1　王凤兰等（2017）对汉语语块的分类

根据以上关于语块分类的研究，可以得出汉语语块具有层级性、凝固性的特征。由于汉语语块内部可以分为不同的层级，相当于词、短语、句子等不同的语法单位，因此具有层级性，又因汉语语块是搭配固定或搭配频率较高的词语组合，因此具有凝固性，但凝固程度不同，凝固程度越高的语块其典型性越强。

以上各种分类研究详尽细致，但也呈现出一些不足：一是沿用西方思路，很多分类结果都与 Nattinger 和 De Caricco 的"四分法"①似曾相识。二是没有跳出传统语言研究的路子，对语块的"整体性"特征突出不够，许多研究依然注重语块所处的语法层级和语块内部成分的结构关系。三是基于以上两点原因，加之汉语语块分类标准不够统一，某些语块分类研究表现出追求"大而全"的倾向，可能会导致"汉语语块分类的内部效度不够，或者过于扩充语块的范畴"②。例如，一些学者单从搭配的高频这一特征出发，过分强调组合搭配类语块（如：繁荣-经济、不良-习惯、朦胧的-月光、尽了-最大的努力）的地位，反而忽视了成语、惯用语、固定短语等固定语块在语块集合中的核心地位。还有的学者将一部分语法性很强的词汇（如：总算、轻易、简直、始终、万一）纳入语块的范畴，似乎违背了语块作为"记忆单位"和"造句单位"的最初定位，值得进一

---

① Nattinger 和 De Caricco(1992)将语块分为多词语块(Ploywords)、习语语块(Institu-tionalized expressions)、短语架构语块(Phrasal constraints)和句子构建语块(Sentence builders)，在学界产生很大影响。

② 孔令跃.对外汉语教学语块研究述评[J].华文教学与研究,2018(1):52.

步商榷。

语块是介于词汇和句子之间的语言单位,其根本特征应该是使用的整体性,这一点已在国内外形成共识。在词汇和句子之间,存在各种各样的语言单位,不同语言单位的整体性强弱存在差别。有整体性最强的成语、惯用语、固定短语等(如画龙点睛、半瓶醋、十全十美),有整体性最弱的临时组合(如:去-超市、一片-面包、美丽的-衣裳),还有介于二者之间的其他搭配(如:以……为例、不但……而且……、从……来看、不是……就是……)。这些语言单位哪些归入语块,哪些不归入语块,应有一个统一的标准,在语块内部也应区别核心成员和一般成员。因此,从语言使用的角度,研究统一的语块分类标准,对语块内部子类进行合理分层,尚有很大的研究空间,也是学界努力的一个方向。

(三)汉语语块的功能

学界对汉语语块功能的研究是基于汉语作为第二语言的教学实践得出的,多集中在语用方面,详见表1-2。

表1-2 汉语语块的功能

学者	功能
周健(2007)	首先,汉语语块有助于产出地道的表达,培养汉语语感;其次,汉语语块有助于学生最大限度地克服中介语的词汇搭配错误;最后,语块有助于避免语用失误,提高语用水平。
钱旭菁(2008)	可以最大限度地克服中介语形式;在保证语言使用正确性的同时,使学习者选择的语言形式更地道;提高学习者口语表达的流利程度;对提高学习者的语用能力也非常有帮助。
杨金华、李恒敏(2011)	如果通过大量输入而使学生积累了一定数量的语块并用于造句,则可节省不少搜索词语的时间和精力,同时也减少母语负迁移的影响或因过度类推产生的搭配差错,做到准确、流利地表达思想;学生一旦掌握了语块的内部搭配规律,便意味着也同时掌握了汉语词语搭配的一些原理。语块在教学上具有既授人以鱼又授人以渔的双重作用,对学生发展和提高汉语言语能力大有助益。
袁瑞玲(2012)	减少母语对语言学习带来的负迁移的影响,提高语言表达的地道性;提高第二语言交际过程中的得体性;提高语言表达的流利度。
龙海英(2012)	首先,语块的使用将大大提高语言流利度和加快提取速度;其次,语块有利于准确地使用汉语语言;再次,语块有利于语言的储存及提取,对语言的地道表达大有助益。

根据表1-2,学界对于语块的功能探讨还停留在宏观层面,论述比较概括宽泛,可以归纳为三个方面:(1)提高语言表达的地道性、准确性、流利性和得体性;(2)减少二语习得时中介语的词汇搭配错误和母语的负迁移;(3)有利于语言的存储和提取。以上结论不仅需要进一步的细化和深入(例如:语块能在多大程度上提高语言表达的地道性、准确性、流利性和得体性,如何来度量?哪些类别的中介语词汇搭配错误和母语负迁移可以通过使用语块来避免?使用语块能使语言存储和提取效率增加多少?),还需要实证研究的检验。

二、汉语语块的应用研究

(一)教学应用

在汉语作为第二语言的教学研究领域,如何提高教学效果一直是学界关注和探讨的问题,只有在遵循二语习得普遍规律的基础上,充分把握汉语自身特点,才能探索出一条高效之路,"语块"即是在这样的背景下引入汉语二语教学研究的。经过近20年的发展,语块的教学应用研究可以分为宏观和微观两大类。

宏观层面的研究多从教学整体出发,提出语块教学的思路、建议等。

亓文香(2008)认为语块教学法不但可以指导、帮助教材的编写和课程的设计,还可以充实教学方法,在教学实践中提高教学效果,提高汉语听说读写的综合能力,增强学生的自信心,提高积极性,因此她提出了实施语块教学法的宏观教学思路,包括信息输入和信息导出两个环节。在信息输入环节,首先要在制订教学方案和教学计划以及备课时都要对教学中的语块知识点进行总结分类,然后通过系统地课堂讲授帮助学生来识别各种语块,对各种语块的功能、语法特点和使用环境进行详细分解,完成学生对知识的接受过程。在信息输出环节,一方面教师要组织和提供大量的范例,对学过的语块知识点进行针对性的练习,通过教师的有向导出来巩固学生学过的知识并为己所用;另一方面不仅在课堂上教师要提供、讲授语块知识,在平时的课后练习和成绩测评中也要有针对性地加强语块知识的灌输,让学生养成语块学习的惯性。这种宏观的教学思路设计将语块的输入和产出融入备课、讲授、练习、测评等教学环节中,对一线教师具有启发性和指导作用。同时,周健(2007)、钱旭菁(2008)也从对外汉语教学的高度提出要强化语块意识,将语块作为重要的教学内容之一,还提出应该整理常用语块,对不同性质的语块实施不同的教学策略。

微观层面的研究多从教学环节、语言要素或不同课型出发,探讨语块教学的具体步骤和方法。

　　汉语作为第二语言的课堂教学可以大体分为"讲"和"练"两个基本环节。田建林、夏中华(2017)提出在语块教学过程中可以采用"互动联想法""实例操练法"和"全身反应法"等形象化的教学方法,调动学生的兴趣,强化学生的学习动力,在练习中可采用演绎归纳法、语段表达法、连词成句法、语块配对法等多种形式,强化语块意识。

　　语言要素可以分为语音、词汇、语法、汉字等,语块教学一般应用于词汇和语法教学中。在词汇教学方面,陈光伟(2012)提出应在重视单词教学的同时,加强语块教学,帮助学生扩大词汇量,增长汉语言文化知识,提高汉语综合运用能力,他提出的教学策略包括提升语块意识、提高语块识别能力、熟读熟记常用语块、创造运用语块的机会四个方面,将语块的识别、记忆、运用融入词汇教学中,具有可操作性。倪宏玲、张连跃(2019)讨论了四字格常用搭配语块及其教学方法,他们首先依据人们使用四字格的规律及其表征进行分类,进而提出分类教学、建立四字格常用搭配语块的意识、注重四字格常用搭配语块的输出等教学建议。四字格是汉语语块中十分稳固的核心成分,也是二语学习者学习和使用的难点,对四字格进行分类并实施不同的教学策略,有助于学习者语块意识的提升,同时也对其他类别的语块教学具有借鉴意义。在语法教学方面,马晓伟(2010)提出要注重语块的提取,要结合语块学习语法,同时要注意语块学习与语法学习平衡发展。他的研究虽然指出了语块和语法的天然联系,但是对语法教学中实施语块教学的步骤没有详细说明,对语块教学在语法教学中的作用认识也不够全面。值得注意的是,苏丹洁、陆俭明将构式语法理论和组块理论相结合,提出"构式—语块"句法分析法和教学法,并提出具体的教学步骤。但是,他们所说的"语块"指的是"一个构式中以一定的句法形式相对独立地承载该构式的一个语义单元的句法语义聚合体"①,与一般意义上的"语块"有所不同,例如"墙上挂着一幅画"中,"墙上""挂着"和"一幅画"就分别是一个语块。这一研究将语块定义为构式和词项的中介,认为构式是一条语块链,与"语块教学"的本意并不相同。

　　汉语作为第二语言的教学可以分为听、说、读、写多种语言技能,并设置不同的课型,语块教学也可应用于技能课的训练中,但这方面的研究还不够系统全面。例如,王立河(2013)认为语块法可以迅速增加词汇量,熟悉表达法,尽早实现阅读"自动化",他提出了阅读教学中的语块教学模式:(1)进行语料统

---

① 苏丹洁,陆俭明."构式—语块"句法分析法和教学法[J],世界汉语教学,2010(4):
　559-560.

计,找出基本语块;(2)适当说明,增加重现,反复练习;(3)授学生以渔,培养学生积累组块的阅读手法。目前,针对其他课型进行语块教学的探讨尚不多见。

综上,学界对语块教学认可度较高,语块在教学中的应用十分广泛,可以涵盖不同教学环节、多种语言要素和不同课型。但现有成果对语块教学的具体应用策略叙述有时过于笼统,操作性不强,有时存在理解上的偏差,对语块教学的应用研究尚不够系统深入,这是今后亟需努力的一个方向。

(二)教材编写

教材是教学活动的材料和依据,从教材方面考察汉语语块的呈现问题,探讨语块在教材中的编写策略,也成为语块应用研究的一个热点。

有的研究以具体教材为研究对象,全面研究教材中的语块呈现问题,并提出编写和修改的建议。李慧(2013)以《桥梁:实用汉语中级教程》(陈灼主编)为例,分析教材中语块的呈现方式。她将汉语语块在《桥梁》中的呈现方式分为两种:1.直接呈现,是教材有意识地对语块的凸显与展示,是对语块有意识的收录,其同级单位一般为词,学习者看到这类语块会直接将其作为一个整体习得使用;2.间接呈现,是指教材给予语块独立呈现的机会,但是其语块的身份并未得以完全显示,教材将其与其他自由词组混同在一起,间接呈现。接着,她从三个方面总结了教材语块呈现的问题:一是语块呈现范围有限,教材对语块的呈现基本遵从语块凝固度高低的原则,成语、惯用语等固定成分以及短语框架、句子框架是教材直接呈现的主要对象,并且在教材中都被赋予等同于词的身份与地位,这些成分的凝固度都较高,而凝固度次之的固定组合以及高频搭配、限制性搭配等语块类型在教材中呈现较少;二是语块呈现不明晰,学习者无法辨识语块的身份;三是语块呈现不完整。基于这种现状,她提出两点建议:一是扩大呈现语块的范围,教材中对语块的呈现可遵循"大小兼顾"的原则;二是语块呈现明晰化,培养学习者的语块意识。这篇文章的最大贡献在于提出了对教材语块进行分类的方式,"直接呈现/间接呈现"这种分类方式简明清晰,直指教材语块编排问题的根本,被许多后续研究所借鉴。孙园园(2016)选取国内四套初级阶段综合课教材,从词级、句级、语篇三级单位分析语块的呈现状况。她指出教材中语块呈现存在的问题主要表现为语块处理标准不统一、呈现方式不够合理、复现不及时等。文章提出教材应综合语义透明度、使用频率和学习阶段等因素确立语块收录原则,统一语块呈现体例,各板块间语块的呈现能够相互配合,有所照应。这篇文章除了探讨教材语块的呈现方式及其问题外,还强调了教材收录语块的原则和具体做法,其中"语义透明度"和"使用频率"不仅是教材收录语块的重要原则,也是汉语语块的界定和分类研究须参照的重要标准。以上两篇研究材料翔实,结论中肯,提出的具体建议对教材语块编写和修订具有启发意义。

有的研究关注教材某一板块的语块编写问题,在生词、课文、语言点、练习等几大板块中,生词板块中的语块呈现是研究关注的重点。宋若云(2015)提出在对外汉语教材编写中,生词注释可以借鉴相关理论在语块立目和语块示例上下功夫,增强汉语学习者的语块意识,提高整体储存和提取目的语语块的能力,拓展词语学习的广度和深度,增强表达的流利性、准确性和得体性,提升教学效率。他提出在语块立目方面,要把握教材目标,分级分层设计,做到经济性与实用性并重,整体立目和内部成分二级立目相结合,横向互补和纵向衔接相结合;在语块示例方面,要做到典型精当实用,句法语义语用相结合;在注释优化方面,要综合运用注释手段,达到释义最优化。面对数量众多类别各异的汉语语块,选择哪些语块进入教材词语表,如何进行示例和注释,不同教材做法不一,这一研究综合探讨了语块在生词中的立目、示例和注释问题,对教材编写和汉语学习词典的编纂都有借鉴意义。

还有研究具体讨论某一类语块在教材中的编写问题。如张娟(2010)提出教材的编写要突显框架语块,因为框架语块不同于成语、谚语、歇后语等固定语块,如果教材没有把它们列入生词表中,很容易就会被教师所忽视,她提出应该把框架语块列入生词表中或单独罗列出来,或用实心的黑圆点在课文中把它们标注出来,以培养学生的框架语块意识。框架语块属于半固定语块,数量众多,就其在教材中呈现的状态来看,一部分作为语言点来教学和操练,还有一部分则散落在课文中。因此,张文的结论应是就后一部分框架语块而言的,文章提出的一些建议也值得进一步商榷,因大部分散落于课文中的框架语块是旧知识的复现,故"列入生词表"不太可行,"用实心的黑圆点在课文中标注出来"并以教材附录的形式"罗列出来",或许是一种可取的做法。

综上,相对于市场上琳琅满目的汉语教材来说,语块在汉语二语教材中的编写研究成果还不够丰富,进入研究视野的教材比例很低,比较零散,且多集中于初中级教材,中高级教材语料更丰富,包含语块数量和种类也更多,加强这方面的研究可以更系统了解语块在教材中的呈现状态。另外,学界对教材不同板块中的语块编写研究不够全面,更没有从系统的高度就不同类别语块在教材中的呈现问题进行科学定位。因此,"今后有必要扩大教材的分析范围,对各级各类代表性汉语教材的语块收录进行更系统、详细的统计分析和描述,并开展教学实验考察有效的教材语块收录标准,为教材收'语'和语块教学提供建议"①。

（三）实证研究

亓文香首次对语块教学法进行了概念上的界定，提出："所谓的语块教学法，就是教师在教学过程中，运用语块理论，对汉语中一些固定词语、固定组合和固定用法等语块加大教学力度，让学生掌握其语法、语境和语篇意义，然后通过对大量语块的反复教授和习练，充分调用学习者已有的语言知识和认知能力，把词汇学习和语法学习结合起来，从而提高学习者语言综合运用能力的一种教学方法。"②此后，语块教学法逐渐被一线教师和研究人员用于教学实践，借鉴国际流行的研究方法和手段，近几年关于语块教学的实证研究成为汉语语块研究中异军突起的一个热点，众多研究结论也证明了汉语语块的心理现实性、加工优势以及在提高教学效果方面的积极作用。

第一类是考察语块教学在汉语特殊句式教学中的应用。如苏丹洁（2010）以存现句教学实验为例，以 123 名来华学习汉语的外国学生为被试，先对被试进行前测，一周后将被试随机分为两组，实验组采用"构式-语块"教学法，对照组采用"主-谓-宾"思路进行教学，两组均以多媒体辅助教学，经过为时 10 分钟的教学后，进行即时后测和六周后的延时后测，实验的结论证明"构式-语块"教学法在存现句的第二语言教学上有更优表现，能使习得更快速、有效、牢固。同时，苏丹洁（2011）为检验"构式-语块"教学法的效果，进行了兼语句教学实验、兼语句和存现句交叉教学实验，实验结果证明，"构式-语块"教学法确实比传统的"主-谓-宾"的教学思路更有效。需要说明的是，以上研究中的"语块"实质是句子中对应一定语义单元的词或词的组合体，其语义的凝固程度大多较松散，最多只能算是广义上的"语块"。

第二类是考察语块教学在某一课型（某种语言技能训练）中的应用。例如，杨金华、李恒敏（2011）就语块教学在口语课中的应用进行实证研究，实验结果表明，词语搭配的内化以及对搭配规律的较好掌握使实验组学生的成绩连续上升并能组织出更为自然、更加流畅的话语，而与此相反的对照组则没有太大变化。因此，他们提出语块教学是一种可行、有效和值得推荐的方法，语块教学的核心是词与词的搭配，特别是积极词语的搭配，应从低年级就着手安排，循序渐进，一直延续到高年级，文章还建议在精读和会话教材中专门设立"搭配专栏"，并在练习中增加词语搭配方面的项目。高珊（2017）通过眼动实

---

① 孔令跃.对外汉语教学语块研究述评[J].华文教学与研究,2018(1):54.

② 亓文香.语块理论在对外汉语教学中的应用[J].语言教学与研究,2008(4):55.

验探究汉语母语者和第二语言学习者汉语阅读过程中是否存在语块的加工优势,实验结果显示,在目标词组(指语块和非语块)、目标词组末尾字、目标词组后位词和整句四个兴趣区,汉语母语者和第二语言学习者都表现出稳定的语块加工优势。在目标词组兴趣区母语者的语块加工优势比第二语言学习者更大,这一结论为语块教学法提供了证据支持,她提出教师进行语块教学时,可以在教学中扩大语言教学单位,不拘泥于汉字或者语素、词,而是注重引导学生关注比词更大的单位,特别是一些经常一起出现的词语组合,进而帮助学习者学习和使用语块。这两篇文章的结论都认为词语搭配/词语组合在口语和阅读加工中具有优势,因此,在众多的词语搭配类语块中,如何筛选出凝固度高且常用的搭配组合,是教学中需要解决的首要问题。

第三类是考察韵律、频率、语义透明度等语块自身因素对汉语二语学习者语块习得的影响。张文莉、李思宁(2019)以《发展汉语》一部分课程内容为研究材料,以燕山大学初级二和中级一的留学生为受试,考察留学生词汇韵律与语块意识习得的关系。研究认为,初级水平汉语学习者,韵律单元与词汇构成基本相当,相对高级水平汉语学习者韵律单元突破词汇单位,韵律单元更加语块化,语义概念更加完整。文章还提出,切分标记对初级水平汉语学习者影响较大,词并不能决定相对高级水平汉语学习者的韵律切分单位,但是对学习者构成恰当的目的语意象图式有积极作用。这一研究结论证实了韵律单元的语块化是汉语水平提高的一个重要标志,也启发我们在教学的初级阶段可以运用切分标记等外在手段,帮助初级水平学习者扩展韵律单元,增强语块意识。张妍(2020)运用在线语法判断任务实验,以习用词组和搭配语块为研究对象,考察了频率、语义透明度对汉语母语者和中高水平学习者语块加工的影响。研究发现:汉语学习者语块加工的频率效应显著,母语者语块加工的频率主效应不显著;语块加工的水平效应显著,中、高级学习者和母语者两两之间的语块加工均存在显著差异;频率与汉语水平的交互作用显著,中级学习者比高级学习者语块加工的频率效应更显著;汉语学习者和母语者语块加工的语义透明度效应不显著。本研究启发我们,与语义透明度相比,频率是影响二语学习者语块习得更为重要的因素,在对二语学习者(特别是汉语水平较低的学习者)的语块教学中要重视频率效应,增加语块的输入输出频率,强化语块意识。

第四类是考察语境、学习者的母语背景和汉语水平、视觉输入增强等外在因素对二语学习者语块加工的影响。孔令跃(2012)使用个案追踪分析方法分析了高级水平日本留学生的语块阅读理解过程,发现留学生更倾向于借助语境来理解不认识的语块。孔令跃、史静儿(2013)使用限制性语境下的自由作答任务,发现二语者和母语者对汉语语块的识别运用呈现出显著差异,二语者的语块掌握数量和质量都与汉语母语者有较大差异,文章提出有必要加大语块的教学力度,并提供一定练习让学生使用语块,从而促进他们口语能力的培养。郑航、李慧、王一一(2016)通过两个语言加工实验,对比汉语母语者和学习者在有/无语境条件下的语块加工,讨论语境对多词结构加工的影响,研究结果提示在二语教学中,语块整体教学或应与语境法相结合。以上三个研究均提示我们,语境在语块教学中的重要作用,语块教学要通过创设具体的语境来提高教学效果。江新、李璧聪(2017)以母语为泰语、英语、韩语的中高级汉语学习者为被试,考察其作文中语块使用的异同。研究结果表明,处于不同学习阶段、具有不同母语背景的汉语学习者的语块使用有各自的特点,因此文章提出应当重视语块的教学,特别要重视搭配类语块和框架式语块的教学,对处于不同学习阶段和不同母语背景的学习者的语块教学应各有侧重。房艳霞、江新(2020)考察视觉输入增强对汉语二语学习者语块学习的影响,结果显示视觉输入增强对语块学习具有促进作用,视觉输入增强的促进作用不随语块的语义透明度的变化而变化,且视觉输入增强不对文本意义的理解产生消极影响。这一研究为汉语中大量的非核心语块成分(语义透明的组合搭配类语块)的教学提出了很多增强视觉输入的具体做法,包括加下画线、加粗、加黑、斜体、加彩色等,以引起学习者注意。

综上,学者们从汉语作为第二语言教学中的实际问题出发,通过实证研究为语块教学在语言要素习得、语言技能训练中的作用提供数据支持,同时也从汉语语块自身因素和教学外在影响因素两方面,发现汉语语块加工的事实和规律,提出了有针对性的教学建议,难能可贵。今后,随着汉语语块研究和理论构建的需要,语块的实证研究还有巨大的发展空间,在研究手段和方法上还需不断更新,与国际接轨。

(四)偏误研究

这一方面的研究基本继承了偏误分析的传统做法,使用语料库资源,统计分析二语学习者的语块使用情况,分析使用特征和偏误类型,对比二语学习者与汉语母语者在语块习得方面的异同,探讨成因并提出教学建议。

李慧等(2015)基于语料库的语块偏误,发现学习者"V单+X"语块使用的偏误类型包括动词遗漏、动词误代、X误代等,学习者在各类"V单+X"语块(高频搭配、成语、惯用语等)上的使用次数较少,且与母语者的使用次序基本一致,其中只有高频搭配类语块使用次数较高。文章总结了汉语二语学习者常见偏误的两个类型:一是语块与词、词组之间的混淆,出现这类偏误的语块主要是高频搭配,且主要是"动词+补语"结构的语块;二是语块离合形式的使用偏误,发生这类偏误的语块主要是可以离析的"V单+NP"语块。文章也就相关的偏误类型提出了具体的教学建议。常新茹、张博(2018)基于 HSK 动态作文语料库,对"再""不"构成的"不再""再不"和"再也不"语块进行全面考察,分析偏误实例的类型及其数量分布,运用语块理论,基于"不再""再不"和"再也不"的实际用法将其语块框架分别形式化并总结出其语义特征,建议汉语教师借助于语块框架循序进行虚词语块的教学,因为在二语词汇学习中"学习者缺乏的是组合性词汇知识,针对第二语言词汇习得中组合性词汇知识不足且发展缓慢的特点,对具有聚合关系的同/近义词应当采取分散教学、各个击破的策略,在大量语境化操练中,让学习者逐一掌握每一个词的语义特征和搭配倾向"①。以上两篇文章实际上是运用语块理论来分析二语学习者习得偏误中的词法、句法问题,可见语块是词法和句法的融合,对于搭配频率高的组合性词汇知识,以语块的形式来进行教学是一条捷径。

就已有文献来看,语块应用于偏误分析的研究,往往是就某一个或某一小类的语块展开的,是研究者结合教学中的实际问题做出的个别研究结论,研究思路和范式比较传统,成果也较零散,没有形成系统,正如孔令跃所述,"这方面的研究数量,以及考察的语块范围和类型都太少,研究成果对实际教学的影响比较有限"②。因此,语块应用于偏误分析方面的研究还有很大的发展空间,以汉语语块的分类研究为基础,系统研究二语学习者中介语系统中语块偏误的类别及成因,并提出切实可行的教学策略,将有助于提升语块教学法的效果,推动语块教学研究的进步。

三、小结

通过以上对汉语本体研究和应用研究的现状梳理,可以发现:

目前汉语语块的本体(定义、分类、功能)研究还未走出借鉴西方理论的阶段,大多数研究是在西方语块理论的既有框架下进行的,汉语语块的特征体现不明显。由于汉语语块的定义比较模糊,导致学界对语块的内涵和外延理解多样,语块分类也缺乏统一标准,不同学者对语块内部成员的地位认识存在偏差,对语块功能的探讨尚未深入。

相反,汉语语块的应用研究却从实践出发,取得了丰富的成果,其得出的

---

① 张博.提高汉语第二语言词汇教学效率的两个前提[J].世界汉语教学,2018(2):251.
② 孔令跃.对外汉语教学语块研究述评[J].华文教学与研究,2018(1):53.

结论对教学、教材编写都有启发和借鉴作用，这些实践成果也将反作用于本体研究，促使中国学者从汉语本体特征出发丰富汉语语块理论。但我们也应看到，由于汉语语块本体研究的薄弱，导致应用研究缺乏理论支撑，研究还不够系统、全面、深入，一些成果只是经验式的总结，一些学者对"语块"的理解不够一致，在实施语块教学时难免思路不同，在分析教材时也会角度各异。

第二节　主要内容

本书将研究对象定为"汉语作为第二语言的语块研究"，"汉语""第二语言""语块"是三个关键词，以区别于汉语本体的语块研究，突出本研究的应用特点。全书共分为"绪论""特征篇""教学篇""教材篇""结论"五个篇章，除去"绪论"和"结论"，主要从特征、教学与教材三个方面进行研究。

"特征篇"讨论汉语语块与汉语特征的关系、汉语语块的类别以及成员地位、汉语语块的构建、研究价值等基本问题。汉语语块是汉语系统的重要组成部分，能体现汉语特征。汉语不同于印欧语，语块理论虽借鉴自西方，但中国关于语块内容的研究由来已久，我们的研究理应与汉语本体特征相结合，不能搞全盘的"拿来主义"。在这一部分，我们首先正视现有研究的不足，提出结合汉语特征进行语块研究的必要性，进而探讨汉语语块与汉语特征的关系；接着从汉语语用实际出发讨论汉语语块的类别划分，并结合范畴理论对汉语语块进行狭义和广义上的区分；再次，我们尝试从个例出发，探讨构建汉语语块的方法、分析语块特征；最后，总结汉语语块研究的本体价值和应用价值。

"教学篇"讨论语块教学法在汉语作为第二语言教学课堂中的实践应用和成效。在这一部分，首先介绍汉语语块教学法的原则、方法及重点，然后基于笔者多年的教学实践经验，分别阐述语块教学法在综合课、听力课、口语课和阅读课中的具体实践应用，最后通过常用介词的教学实验，证明语块教学法的优势，为语块教学法提供证据和支持。

"教材篇"讨论汉语语块在汉语作为第二语言教材中的编写问题。在这一部分，首先，基于语块理论，对汉语二语教材中的语块编排问题做宏观讨论和分析；其次，从生词编排、课文编排、练习编排三个方面详细阐述现有二语教材在语块编排方面的问题，并给出具体的修订建议；最后，基于教材和大纲在常用语块整理方面缺失的现状，以《发展汉语》综合教材中的课文为语料来源，探讨提取常用语块的范围、原则、步骤和方法,并整理出常用语块表,供教学使用和参考。

整本书在语块理论和汉语特征的指引下,紧扣汉语作为第二语言的教学实践,研究汉语作为第二语言教学和教材建设中的语块问题,既有理论探讨,也有具体的教学建议,更有可操作性的教学步骤和方法,希望能对汉语作为第二语言的教学实践带来启示,丰富汉语语块教学的研究成果。

第二章　特征篇

第一节　汉语语块与汉语特征的关系

　　"语块(chunk)"是源于西方心理学的一个概念,后被引入语言学领域。语块在自然语言中大量存在,英语自然话语中的90%是由那些处于单词和固定短语之间的半固定"板块"结构来实现的[①],汉语中的语块可能比英语更丰富、在交际中更活跃[②]。我们对《杨澜访谈录:"姚明"做父亲当老板》和《超级演说家》中的10个演讲进行统计分析,平均每41个字就有一个语块出现,按现代汉语的平均句长为52字来计算[③],每个句子中平均出现1.3个语块,这个结果和周健、陈群(2011)的计算结果是基本一致的。这些数据可以证实,语块在汉语交际中常见常用,占有重要的地位,因此,流利地运用语言的基础不是大量的词汇,也不是抽象的语法规则,而是一个个适于记忆和表达的语块,正如桂诗春所说,"块件是人类记忆的无所不在的特征"[④]。

　　近年来,语块研究成为汉语研究的一个热点,成果逐渐增多,同时也显现出一些问题。正如第一章所述,汉语语块的本体理论研究比较薄弱,对汉语语块的定义、分类、功能等进行的探讨还未真正跳出西方理论的框架,许多研究还停留在模仿阶段,现有成果对汉语特征的把握不够,且不够系统深入,也制约着应用研究的发展。

---

① 杨玉晨.英语词汇的"板块"性及其对英语教学的启示[J].外语界,1999(3):24-27.
② 李晓琪.关于建立词汇—语法教学模式的思考[J].语言教学与研究,2004(1):23-29.
③ 朱玲.基于句法特征的汉语韵律边界预测的研究[D].兰州:西北师范大学,2013.她建立了一个含句法信息的大规模的汉语文本语料库,包含约10000句标准语法的汉语文本语料,平均句长为52字.
④ 桂诗春.我国外语教学的新思考[J].外国语,2004(4):5.

在中国,关于汉语本体特征的研究历史久远,语言学大家对汉语的特点早有过精辟的论述。传统的汉语研究虽没有"语块"的概念,但"语块"的内容早有涉及,汉语中很早就有"辞"和"语"的概念。"辞"是先秦就有的常用词,泛指一切大大小小的言语表达成分,既指口头的"言辞"也指书面的"文辞"。后来分解出来的"字、词、语、句、段、篇章",早期都可以称为"辞"。赵元任曾说:"中国文字是一字一言的文字"①,"在说英语的人谈到 word 的大多数场合,说汉语的人说到的是字。……在中国人的观念中,字是中心主题,'词'则在许多不同的意义上都是辅助性的副题"②。"词"是早期"辞"的异体字,后用来对译西语的 word。在现代汉语研究中,把"字、词"构成的"语"称为"语"(成语、惯用语、俗语、谚语、歇后语等)或用"短语""词组"来表示"词与词的组合"。目前关于各类语块的名称:多词语块、习语语块、短语架构语块、高频搭配组合、固定表达、习用短语、固定短语语块、多词结构、语型、搭配、习惯用语、熟语、套语、固定语句、常见组合搭配,哪一个不是"多词组合"? 这不就是古人所说的"辞"吗? 词与词的组合对汉语学习非常重要,也早已引起汉语学者的关注,赵元任说:"学词汇的时候儿,你得在句子里头学词的用法,……你要记短语、记句,这样子意义才靠得住。"③赵先生的话恰恰道出了汉语区别于印欧语的基本特征:印欧语重形态,语义关系的表达与词的形态变化密切相关,汉语重语义,语义关系靠词与词的组合来实现。

近年来,随着汉语作为第二语言教学事业的大举推进,汉语特征再度成为研究者关注的热点。李晓琪依据汉语重意而不重形的特点,提出对外汉语教学要建立"词汇-语法教学模式",因为汉语中存在大量的"词汇-语法"相结合的板块,这些语块板块较之英语更丰富,在语言交际中更活跃,因为:第一,汉语没有形态变化,虚词是汉语主要语法手段之一,汉语的虚词不但数量多,而且每个虚词的用法各异,由虚词构成的语言板块,形式极为丰富,语用功能也很鲜明……由虚词构成的固定格式和搭配则多得难以穷尽;第二,汉语的固定短语实在是太丰富了,它们是汉语语言板块的另一种主要表现形式;第三,常用实词的固定搭配也是汉语语言板块的重要内容。④ 上文的论述说明了汉语

---

① 赵元任.语言问题[M].北京:商务印书馆,1980:144.

② 赵元任.汉语词的概念及其结构和节奏[C]//袁毓林.中国现代语言学的开拓和发展——赵元任语言学论文选.北京:清华大学出版社,1992:233,248.

③ 赵元任.语言问题[M].北京:商务印书馆,1980:159.

④ 李晓琪.关于建立词汇—语法教学模式的思考[J].语言教学与研究,2004(1):23-29.

板块(语块)融合词汇和语法、讲搭配、重意合的特征,这些特征是汉语所独有的,也是汉语语块在交际中更丰富、更常用的根本原因。

　　汉语特征是汉语独有的不同于其他语言的特点,研究汉语特征"既要有微观的分析,也要有宏观的考察,还要有共时和历时相配合的研究"①。研究和学习汉语要打通词汇和语法的界限,重视词与词的组合关系,除了借鉴西方有关"语块"的研究理论,更应该重视汉语自古以来关于字词结构的研究成果。汉语中大大小小的语块,结构凝固,意义完整,融语音、词汇、语法、语用于一体,在不同层级上都表现出意合特征,这种意合特征和语块结构的层次性、意义的凝固性以及功能的多样性很好地融为一体,使其成为汉语运用的直接构件,具有使用的便利性。深入挖掘汉语语块与汉语特征的关系,是汉语特征研究的重要内容,也是推动汉语作为第二语言教学理论进步的动力。

　　下面我们试从六个方面来分析汉语语块是如何体现汉语特征的。

一、实词和虚词相结合

　　汉语词汇可分为实词和虚词两大类,虚词是汉语中表达语法关系的最重要手段,"在汉语言语运用中(尤其是口语),虚词的应用和语序的调整可谓变化多端,规则繁复而灵活"②,实词和虚词的结合是汉语组词、构语、成句的重要特征,大量汉语语块就是实词和虚词组合而成的语用单位。如"井底之蛙、对牛弹琴、微乎其微、广而告之、三思而后行、拒人于千里之外、不费吹灰之力、吃不了兜着走、赔了夫人又折兵、麻雀虽小五脏俱全"是成语、固定短语、惯用语等固定结构的语块,"熬了一夜、打过交道、对……来说、因……而……"是离合短语、短语框架、句式框架等半固定的语块,"唱着跳着、哭过笑过、想得美"是一些常用搭配语块。以上这些语块都是由实词和虚词组合而成的,虚词对整个语块的理解和记忆起着关键作用。如果说,实词和虚词的结合是所有语言共同的特征,以下各条便是汉语特有的。

二、词法和句法基本一致

　　汉语构词法和构句法具有一致性,体现了语言的递归本质,这已经成为许多学者的共识,正如吕叔湘所述:"比起西方语言来,汉语语法分析引起意见分歧的地方特别多,为什么？ 根本原因是汉语缺乏严格意义的形态变化……许

---

① 李如龙.汉语特征研究论纲[J].语言科学,2013(5):479.
② 李如龙.汉语特征研究[M].厦门:厦门大学出版社,2018:9.

多语法现象就是渐变而不是顿变,在语法分析上就容易遇到各种'中间状态'。词和非词的界限,词类的界限,各种句子成分的界限,划分起来都难以处处'一刀切'。"①这一论述十分准确地概括了汉语系统从词到句的意合和递归本质,也揭示了构词法和构句法一致的根本原因。

张永言说:"汉语里应用最广的构词法是词根复合法,即依照句法关系由词根组成复合词的方法,这种构词法跟由词结合为词组的造句法基本上是一致的。比如,汉语词组的主要结构类型为'偏正'、'并列'、'述宾'、'述补'、'主谓',而复合词的构成格式也同样是这 5 种。"②语块的结构类型也可以包括上述几种,体现了汉语词法和句法的相通性,例如"世外桃源、后起之秀"是偏正类型,"颠三倒四、朝令夕改、死去活来"是并列类型,"做手脚、拍马屁、打马虎眼"是述宾类型,"拿得出手、划得来"是述补类型,"狐假虎威、胸有成竹"是主谓类型。

三、结构(词组)和句子没有断然界限

汉语的结构(词组)和句子没有明显的界限,汉语的结构(词组)在一定的语境中可以成句。请看(1)～(3)③:

(1)"你女儿在哪里?""在学校。"她说。
(2)昨天还是大雪纷飞,今天太阳就出来了。天气不错!
(3)高价护肤品一定高效吗? 不一定!

以上例句中的"在学校、天气不错、不一定"均是词组(短语)直接做句子。汉语语块作为汉语中可以整体运用的结构体,可以做句子成分,相当于一个词组,也可以直接成句,体现汉语结构和句子无界的特征。如(4)～(7)中的"狼吞虎咽"和"八竿子打不着":

(4)孩子哭得厉害,房东拿来吃的,他狼吞虎咽吃下一大包饼干,喝了三大

---

① 吕叔湘.汉语语法分析问题[M].北京:商务印书馆,1979:7.
② 中国大百科全书总编辑编委会《语言文字》编辑委员会,中国大百科全书出版社编辑部.中国大百科全书·语言文字[M].北京:中国大百科全书出版社,1988:133.
③ 如无特别说明,本节例句均来自北京语言大学 BCC 语料库,网址 http://bcc.blcu.edu.cn/。

杯开水。（作句子成分）

　　(5)今天的第一顿饭！狼吞虎咽……（直接成句）

　　(6)曾听你提到过你这次的创作与八卦有关，觉得太有意思了，因为我实在难以想象怎么能把八卦和音乐这两个<u>八竿子打不着</u>的东西联系起来，也就对你的创作思路格外感兴趣。（作句子成分）

　　(7)她爱鸟养鸟是发自内心，没工作在家喂喂小鸟儿不闷得慌，钱不钱的她从不过问也没想过，更没想到什么事业跟追求，<u>八竿子打不着</u>。（直接成句）

四、小句和大句无标记

　　吕叔湘在《汉语语法分析问题》中首次提出汉语在动态平面上以"小句"为基本单位，"几个小句组成一个大句即句子"，"用小句而不用句子做基本单位，较能适应汉语的情况，因为汉语口语里特多流水句，一个小句接一个小句，很多地方可断可连"。[①] 赵元任认为句子在汉语里"可以从结构上分为整句和零句"[②]，"整句只是在连续的有意经营的话语中才是主要的句型。在日常会话中，零句占优势"[③]。沈家煊十分肯定赵先生的论断，并且认为"造成汉语'特多流水句'的原因就是零句占优势，零句可以组合成整句又可以独立成句，句与句之间除了停顿和终结语调没有其他形式标志，有没有关联词不能作为判别标准，而且关联词经常不用，意义上的联系靠上下文来推导"[④]。赵元任先生的"零句-整句"说和吕叔湘先生的"小句-大句"说虽然是分别从结构和语用两个不同平面划分的，道理相通，都道出了汉语流水句多、小句（零句）可断可连、无标记的特征，这是汉语区别于印欧语的一大特点。

　　这一特征在语块的使用中也十分常见，语块可以独立充当小句（零句）用于流水句，且无任何形式上的标记，多见于日常口语中，如(8)～(10)中的"一窍不通""好了伤疤忘了疼"和"侃大山"。

　　(8)你不打算弹上一曲？""哈！你当我是扬州才女呀！攒钱我在行，其他

---

①　吕叔湘.汉语语法分析问题[M].北京：商务印书馆，1979：27.
②　赵元任.汉语口语语法[M].吕叔湘，译.北京：商务印书馆，1979：41.
③　赵元任.汉语口语语法[M].吕叔湘，译.北京：商务印书馆，1979：51.
④　沈家煊."零句"和"流水句"——为赵元任先生诞辰120周年而作[J].中国语文，2012(5)：411.

姑娘家该会的我六窍全通。""啥?!""一窍不通。"应嘲风会意地一笑。

（9）早安……下雨的早晨……好冷！以后上班不坐六路车了……这个不错，可以用来哄小朋友……早安……好冷！好了伤疤忘了疼……安！学会长大吧？照顾好自己……

（10）聊大天，侃大山，然后就开始打瞌睡，2011年的最后一天，在刚刚对完账后坐在电脑面前给你们买礼物。

五、口语和书面语有别

自先秦的通语开始，书面语就借着汉字的传播通行于全国，而各地的方言口语则由于地域、交通、战乱、灾荒等原因与书面语越来越远，而后口语和书面语两大系统在各自的语言生活中发挥作用又互相影响，和谐统一。正如李如龙所述："书面语把经过文人雅士加工提炼过的艺术语言通过典籍和戏文输送到乡村社里，平民百姓创造的歌谣、俗谚、故事、传说有时也会被某些文人引入书面语，这种书面语和口头语的良性循环，对于中华文化和文学的繁荣发展显然发挥着巨大的作用。"[①]

书面语和口语的差异在词汇方面表现最为明显，"口语词和书面语词创造者不同，使用的语素有异，结构方式也有区别"[②]，"困惑—纳闷儿"、"难免—备不住"、"吝啬—抠门儿"、"执拗—轴"、"丝毫—一点儿"这些成对的词语意思一样，书面语词结构整齐又文雅庄重，口语词结构灵活而生动活泼。当然，口语和书面语在使用中也可以灵活转移，"一叶知秋""老当益壮""学而时习之""有朋自远方来"也经常被口语所引用。

汉语语块中同样可以分出口语语块和书面语语块，且二者形成一个连续统，位于连续统两端的语块差别最为明显。一般来说，惯用语、俗语、谚语、歇后语来自百姓生活，多为口语语块（吃老本、走后门、八字没一撇、一场秋雨一场寒、丈二和尚摸不着头脑），四字格的成语来自历史典故或文人的创造，多为书面语语块（同仇敌忾、中流砥柱、肝胆相照、守株待兔、卧薪尝胆、阳春白雪、同舟共济）。这两类语块的结构和意义都比较凝固，用法多样，是研究和教学的重点。除此之外，还有大量的口书通用汉语语块，因结构成分有别，有的书面语色彩浓一些（扶贫攻坚、色彩绚烂、因……而……、以至于、总而言之），有

① 李如龙.汉语特征研究[M].厦门:厦门大学出版社,2018:10.
② 李如龙.汉语的特点与对外汉语教学[J].语言教学与研究,2014(3):6.

的口语色彩浓一些(乐开了花、没事找事、丢面子、也就是说),还有的可通用于各种言语场合(千真万确、男女老少、热烈欢迎、阳光灿烂、从上到下、拿起来、来得及、非……不可)。

六、结构富于弹性

在汉语结构系统中,汉字是起点,也是基础,它"形音义一体"的独特构造使汉语在组词、构语、造句时无形态变化,靠意义的关联来组合,语序和虚词在汉语词法和句法中起很大作用,汉语结构单位富于弹性。"外面下着雨"和"外面正在下雨"意思一样,"里边放着一堆货物"和"里边放了一堆货物"在一定语境中无差别,词汇层面的语素化、词汇化、语法化的例子十分常见,离合词(吃顿饭/吃过饭、洗个澡/洗了澡)和紧缩词(非典、少先队、奥运会、五讲四美)的弹性就更不必多说了。

汉语语块是多词组合,其结构上的弹性可以体现在三个方面。一是部分惯用语、俗语、谚语等语块,在使用中富于变化(三寸舌/三寸不烂之舌,捅破窗户纸/捅破这层窗户纸/这层窗户纸还是要有人去捅破的),或内部成分可以替换(泥菩萨过河/泥菩萨过江)。二是框架结构式语块的填充项灵活(越……越……,有……无……,……来……去,就……而言),以"来……去……"为例,可以组成"一来二去、思来想去、颠来倒去、说来说去、跑来跑去、游来游去"等多个语块。三是常用搭配类语块数量多,搭配范围广,就"进行"一词来看,可以组成"进行比赛、进行讨论、进行考试、进行合作、正在进行、将要进行、马上进行"等常用语块。

以上六个方面,道出了汉语语块与汉语特征的天然联系。汉语的特征是在3000多年的历史过程中形成的……不但和其他大的语系有重大区别,和汉藏系语言的其他语族也明显不同,这些特征都有重要的类型学意义[①]。只有抓住汉语特征进行语块研究,才能得出符合汉语本质特点的研究成果和结论,正如徐通锵所说:"特点是语言研究的基础,什么时候强调汉语的特点,什么时候的汉语研究就能取得一些实质性的进展。"[②]

---

① 李如龙.汉语特征研究[M].厦门:厦门大学出版社,2018:13.
② 徐通锵.语言学是什么[M].北京:北京大学出版社,2007:386.

第二节　从语用实际看汉语语块类别及使用情况

　　语块理论引入中国的时间不长,但汉语传统研究的许多内容却早已触及语块,成语、惯用语、歇后语等的探讨自不必说,短语、仿语、词组、结构等术语的讨论与辨析都与比汉语词更大一级的语言单位有关。汉语语块包含哪些内容,如何分类? 这是研究汉语语块要解决的首要问题。

　　回顾学界对汉语语块的界定,一般都强调形式上比词大,语义凝固,便于整体存储和提取,根据这样的界定,语块所包含的内容仍较为模糊,不同的研究所分出的类别常有差异。根据前文关于学界对汉语语块分类的研究,有下面几种分类标准:一是从汉语本身语法单位和结构层级特点出发进行的分类,二是从语块自身内部结构的凝固程度出发进行的分类,三是兼顾语法层级结构和语块内部结构的凝固程度进行的分类,四是关注语用,从语法、语义和语用三个维度对汉语语块进行的分类。语块是在语言使用中不必经过语法分析、作为整体构件存储和提取的一种单位,是人们记忆和使用语言进行交际的直接构件,因此我们认为"语言使用中的整体性"应该作为语块界定的根本,从这个意义上说,已有的关于汉语语块的分类研究大多还未能跳出语法分析的传统思路,对语言运用特别是汉语教学的帮助不大。

一、从语言的真实运用看汉语语块的呈现形式和类别

　　为探求汉语语块的真实呈现形式和类别,我们选取了《杨澜访谈录:"姚明"做父亲当老板》作为语料来源,通过视频转写的文字语料进行分析。这期访谈节目大约 45 分钟,节目中大部分为主持人和姚明的对话,中间穿插少量的叙述解说性录像资料,整个访谈过程轻松愉快,语言风格贴近现代中国人的日常生活,文字稿约 9700 字。从汉语母语者的语感出发,我们共筛选出语块 236 个,平均每分钟出现 5.24 个语块,平均每 41 个字就有一个语块出现,可见语块在日常汉语中的使用率很高。下面来看这些语块在语料中的呈现形式。

　　1.成语、惯用语、固定短语等直接语用单位

　　这类单位在言语交际中直接使用,有固定的结构和凝固的意义,是语块中的典型成员。如:嗷嗷待哺、何去何从、史无前例、死气沉沉、酸甜苦辣、所向披靡、无拘无束、运筹帷幄、长篇大论、自作多情、随大溜儿、三分钟热度、新官上任三把火、不足为外人道、一日为师终生为父。这类语块大多会收录在《现代

汉语词典》中，不标注词性，直接释义，因有些成语来源于历史典故，所以会一并出现在释义中。如：

【嗷嗷待哺】áo áo dài bǔ 形容饥饿时急于求食的样子。

【运筹帷幄】yùn chóu wéi wò《汉书·高帝纪》："夫运筹帷幄之中，决胜千里之外，吾不如子房（张良）。"后因以称在后方决定作战策略，泛指筹划决策。

【新官上任三把火】xīn guān shàng rèn sān bǎ huǒ 指新上任的官总要先做几件有影响的事，以显示自己的才能和胆识。

2.惯用语或俗语的变体

这些语块在形式结构上具有一定的灵活性，但意义上较为凝固，已经脱离本义，常用的是比喻义或引申义，在《现代汉语词典》中不收录，一般用在日常口语中，具有很强的生命力和表现力，形象生动。如：赔本的买卖、小豆腐块、这层窗户纸还是要有人去捅破的、一条腿在走路、解开这个结。

以"这层窗户纸还是要有人去捅破的"为例，它是"捅破窗户纸"这个惯用语的变体，常用义是"直接坦白地说出事情的真相"，而"用手或工具把窗户纸捅破"这一本义则很少用，在日常生活中其变体还有"捅破这层窗户纸""不能捅破的窗户纸""捅破了窗户纸"等。

3.专有名称

这类语块一般为具有时代色彩的专有名称或机构团体名称，由多个词语组合而成，形式意义都很固定，不可分割，在交际中作为一个整体使用。如：改革开放、篮球运动管理中心、上海男篮俱乐部、精英俱乐部等。这类语块因其名称众多，一般不会在《现代汉语词典》中收录，只有少数的政策性专有名称会作为词条收录。如：

【改革开放】gǎigé kāifàng 改革主要指经济体制改革和政治体制改革；开放主要指国内市场对外开放，加强对外交流和合作。是我国社会主义初级阶段的基本国策。

4.插入语和独立语

这类语块由多个词语组合而成，一般在句子中作为一个整体使用。插入语出现在句中，前后有停顿，衔接上下文，表示说话人思路的暂时中断或思考。

独立语用在句末,附着一定的语气,表示说话人的疑问、感叹等。如:真的是、也应该说、怎么说呢、为什么呢、何苦呢。

拿"真的是"为例,在访谈中其出现的语境如下:

姚明:……我虽然知道要去面对这个事情,我要去跟李指导亲口说这件事,但是说了之后,自己的感受,我,真的是,我自己都不知道会有什么样的感受,说了之后,我真的感觉,一方面是长舒一口气……

杨澜:终于说出去了。

"真的是"在句中一方面强调感受的真实性,另一方面给说话者一个整理思路和思考的时间,而后者的作用在口语中更突出。因此,此处"真的是"应该作为一个插入语语块独立使用,不同于"这个赛季以来,上海队的表现真的是可圈可点"中的"真的是"。

5.离合短语

这类语块是由离合词扩展构成的短语,离合词本身是固定成分,扩展的是可变成分。如"拉到赞助、开了个玩笑、心特虚、瞪大眼珠、说不上来"这些短语都是离合短语,其中加点的部分是固定成分,中间的成分可以变化,"拉赞助"可以扩展为"拉到赞助、拉了一笔赞助、拉什么公司的赞助"等,"开玩笑"可以扩展为"开了个玩笑、开什么玩笑、开朋友的玩笑、开不起玩笑"等。

6.受限组合

这类语块由固定部分和可变部分组合而成,固定成分指语块中不可被同类词语替换的成分,可变成分指语块中可以被同类词语灵活替换的成分。根据固定成分在语块中所处的位置不同,可以分为以下两种:

(1)固定成分在前的

如"亲如兄弟、无人问津、难以启齿、不可开交"等。这类受限组合大多为"2+2"的结构,前面的双音节词为固定成分,"亲如兄弟"中的"兄弟"可以被同类词语替换,组成"亲如姐妹、亲如家人"等,"难以启齿"中的"启齿"可以被同类词语替换,组成"难以相信、难以解释、难以开口、难以名状"等。

(2)固定成分在后的

如"关注度、磨合期、曝光率、契合点、运营商、负罪感、来自于、挫折感、经营管理权"等。这类受限组合大多为"N+1"的结构,即语块中最后一个字为固定成分,前面的双音节或多音节词语可以被灵活替换,"曝光率"中的"曝光"可以被替换,组成"提薪率、升学率、上座率"等,"挫折感"中的"挫折"可以被替换，组成"幸福感、荣誉感、自豪感、亲近感"等。

7.短语框架

这类语块是由固定成分和空位组成的一种短语结构，空位填补以后即可形成短语。短语框架可以分为如下几种：

（1）"A……B"结构

固定成分位于框架的两端，如"与……相提并论、从……开始、从……来说、到……为止、对……来说、跟……比起来、和……一样、在……当中、在……的时候、自从……开始"等。在这类框架中，A 一般为介词，整个框架形成一个介词结构，以"对……来说"为例，可以构成"对我来说、对留学生来说、对迟到的人来说、对男同学来说"等同类结构。

（2）"A……B……"结构

固定成分一个在前一个在中间，如"从……到……、为……而……、依靠……而……"等。这类框架一般也是介词结构，以"为……而……"为例，可以构成"为学习汉语而来中国留学、为工作而努力、为赶上飞机而早起"等。

（3）"……A……"结构

固定成分在中间，这类短语框架常用于表达正反疑问。以"……不……"为例，可以构成"是不是、好不好、去不去、吃不吃、喜欢不喜欢"等同类组合。

（4）"A……A……"结构

固定成分为两个相同的单音词，例如"一……一……、不……不……、有……有……"等，以"一……一……"为例，用于表达两种动作或状态的交替，可以构成"一来一去、一进一出、一开一关"等同类组合。

8.句式框架

这类语块是由固定成分和空位组成的一种句式结构，空位填补后即可形成句子。句式框架有以下几种：

（1）"A……（，）B……"式

这种框架即最常见的关联词语，A、B 为固定成分，位于两个分句的开头，表达一定的关系，两个分句之间一般有逗号隔开，若关系紧密也可无逗号。如"不仅……也……、既然……就……、连……都……、是……还是……、虽然……但是……、无论……都……、因为……所以……、只要……就……"等。

（2）"A……B，……"式

这种框架与"A……（，）B……"式的不同之处在于，"A……B"构成一个小句，停顿位于 B 之后，如"除了……之外，……"。

(3)"A……B"式

这种框架与"A……B,……"式的不同之处在于,B位于句尾,整个句式中间无停顿,如"只是……而已"。

9.常用搭配

这类语块在语用中最常见,一般为"2＋2"的结构,即由两个双音节词语自由组合而成,前后两个词语在语用中一起出现的频率很高。如"意想不到、并肩作战、巅峰状态、公众利益、职业生涯、感情因素、个人魅力、管理方式、雇佣关系、历史悠久、头脑发热、心理准备"等。这类语块一般不会作为词条收录在《现代汉语词典》中,但常出现在词条释义后的举例中,如:

【并肩】bìngjiān ①(动)肩挨着肩:他们～在河边散步。②(副)一起;共同:～作战。

【巅峰】diānfēng(名)顶峰,多比喻最高的水平:～状态|事业的～|他的作品登上了中国画的～。

现对以上9种语块进行归类分析。

第1至4种,都有固定的形式结构和完整的意义,在句中独立使用,包括成语、惯用语、固定短语、惯用语或俗语的变体、专有名称、插入语、独立语。这些语块可以作为词的等价物充当句子成分,也可以是短语、小句或句子,不论位于哪个层面,都作为一个整体来记忆和运用。我们把这类语块叫作"固定语块"。

第5至8种,包括离合短语、受限组合、短语框架、句式框架,这些语块从形式上看都包括固定成分和可变成分,意义上具有一定的稳定性,同时具有可变性,可以充当短语作句子成分,也可以直接作句子,这些语块中的固定成分往往作为记忆和理解的整体单位来使用。我们把这类语块叫作"半固定语块"。

第9种语块是常用搭配。这类语块在汉语运用中最常见,组合灵活,在不同的言语环境中经常共现,在大型语料库中的共现频率也较高,汉语母语者说到A往往能联想到B,因此对于没有汉语语感的外国留学生来说,这类语块是他们学习的重点。我们把这类语块叫作"自由语块"。

我们基于汉语语用实际,从真实语料出发,以"语言使用中的整体性"作为标准提取语块,将汉语语块细分为9个类别,并归纳为"固定语块""半固定语块""自由语块"三大类,虽然名称上与以往研究有些相似,但每一类别中包含的内容有较大差别。

二、不同类别语块在汉语母语和中介语中的使用情况

上文归纳出来的 9 类语块在汉语母语语料（即《杨澜访谈录》）中的出现比例见表 2-1。

表 2-1　各类语块在汉语母语语料中的比例

语块类型	固定语块				半固定语块				自由语块
	成语、惯用语、固定短语	惯用语或俗语的变体	专有名称	插入语、独立语	离合短语	受限组合	短语框架	句式框架	常用搭配
数量	24	9	5	8	9	37	48	28	68
比例	10.2%	3.8%	2.1%	3.4%	3.8%	15.7%	20.3%	11.9%	28.8%

根据表 2-1，九类语块在语料总语块中的比例由高到低为：常用搭配＞短语框架＞受限组合＞句式框架＞成语、惯用语、固定短语＞惯用语或俗语的变体、离合短语＞插入语、独立语＞专有名称，这基本上是一个"自由语块-半固定语块-固定语块"的序列，可见，汉语母语者对汉语语块的使用是一个由自由语块向固定语块逐渐减少的过程。

对以汉语作为第二语言的学习者来说，汉语语块的使用种类和比例是否与汉语母语者一致呢？我们在"HSK 动态作文语料库"中随机抽取 20 篇作文，依据上文的标准，逐一标注语块，并对语块的使用情况进行分析。这 20 篇作文均为标注语料，共 9728 字，我们同样依据汉语母语者的语感，筛选出语块 255 个，平均每 38.1 个字就有一个语块出现，可见，汉语二语者使用语块的比例稍低于汉语母语者，但差别不大。

再看中介语语料中汉语语块的类型和各自的比例，见表 2-2。

表 2-2　中介语中汉语语块的类型和比例

语块类型	固定语块			半固定语块				自由语块
	成语、惯用语、固定短语	专有名称	插入语、独立语	离合短语	受限组合	短语框架	句式框架	常用搭配
数量	55	10	23	1	22	56	34	54
比例	21.6%	3.9%	9.0%	0.4%	8.6%	22.0%	13.3%	21.2%

从表 2-2 和表 2-1 的对比来看,以汉语为第二语言的学习者除了没有使用"惯用语或俗语的变体"这类语块外,其使用的汉语语块类型和汉语母语者基本一致,但不同类型语块的使用比例与汉语母语者有较大差别。具体来看,第二语言学习者使用汉语语块的比例由高到低依次为:短语框架＞成语、惯用语、固定短语＞常用搭配＞句式框架＞插入语、独立语＞受限组合＞专有名称＞离合短语,其中短语框架,成语、惯用语、固定短语,常用搭配这几种语块的使用比例远远高于其他语块,约占语块总体的 65％。从这一序列来看,以汉语为第二语言的学习者使用汉语语块的习惯与汉语母语者大不相同,其使用汉语语块的频率高低和语块的固定程度没有关联。

再看汉语语块的使用偏误情况。我们在中介语语料中统计出的偏误语块共 29 个,占全部语块的 11.4％,具体数据见表 2-3。

表 2-3　中介语中语块偏误的数量和比例

语块类型	偏误数量	比例*
句式框架	10	34.5％
短语框架	9	31.0％
常用搭配	5	17.2％
成语、惯用语、固定短语	4	13.8％
受限组合	1	3.4％

＊按照四舍五入的方法,小数点后保留 1 位数字,因此各个比例相加之和为 99.9％。

从表 2-3 来看,句式框架和短语框架这两种半固定语块在中介语语料中出现偏误最多,两者之和已经达到偏误总数的 65.5％。属于自由语块的常用搭配和属于固定语块的成语、惯用语、固定短语,使用偏误均不超过 20％。受限组合这类半固定语块出现的偏误最少,仅为 3.4％。

综上,汉语母语者与汉语第二语言学习者在使用汉语语块的类型上基本一致,但在数量、比例上存在很大差别,第二语言学习者使用不同类型汉语语块的偏误情况也存在较大差别。因此对汉语作为第二语言的教学来说,不同类型汉语语块的重要性和教学难度是不同的。

第三节　汉语语块成员地位探讨

汉语语块数量众多，分类也呈现出不同标准和不同结果。回顾现有文献，专门论述并区分语块内部成员重要性的文章还不多见，有些文章在研究中顺便提及，认识也不尽相同。例如，钱旭菁强调"虽然早期西方语言学研究的也是语义不透明、语法不规则的习语，但现在学者们越来越认识到，语义透明、语法规则的词语序列也可以整体储存、整体使用……对语块的研究也应包括语义透明、语法规则的词语序列"①。李慧（2013）指出在实际的语言运用中，以往研究所关注的成语、歇后语、谚语、警句等的使用频率并不高，因此在汉语作为第二语言的教学中，固定短语、固定组合、限制性搭配、高频搭配以及套语等类型的语块才是教学重点。杨金华、李恒敏（2011）基于词语搭配类语块有利于提高口语能力的实证研究结果，提出语块教学的核心是词与词的搭配，建议在精读和会话教材（特别是初级的）中专门设立"搭配专栏"，列出搭配能力较强的生词最常见的搭配实例并在练习中增加词语搭配方面的项目。江新、李璧聪（2017）提出在语言学习的早期应该以搭配类及框架式语块为重点，随着学习者语言水平的提高，在继续强调积累搭配类及框架式语块的同时还须进一步引导学习者运用固定组合，到了高级阶段，要适当将成语、惯用语等列入教学重点。可见，受到西方观点、使用频率、实证研究对象、语言习得阶段等不同因素的影响，研究者对语块内部成员的地位和重要性认识并不一致。在语块研究的早期，成语、歇后语、惯用语、谚语、警句等受到较多关注，后来随着语块研究的范围不断扩大，不少研究开始关注词语搭配类语块，特别是高频搭配语块。

语言是交际的工具，只有在使用中才能显示其价值，语块亦是如此。让我们再回到"语块"概念产生之初，语块是人类记忆和使用语言的直接构件和基本单位，记忆和使用的整体性是语块成立的必要条件。那么，具有记忆和使用整体性的语言单位（语块）具有哪些特点呢？语言是形式和意义的结合体，语块在形式上必须是一个整体，不可分割，在意义上必须凝固完整，不可分解。同时满足这两个条件，才可称为"语块"。这便是最早定义的语块。

"整体""凝固""完整"是一种抽象的概括，有程度高低之分，不同研究者对

---

①　钱旭菁.汉语语块研究初探［J］.北京大学学报（哲学社会科学版），2008（5）：139-146.

其认识也不同,带有主观性。随着研究的进展,在一系列的实证分析和教学实践中,一些形式上不够紧密、意义上有组合关系、可以进行语法分析的大量搭配类语块逐渐受到关注。这些词语搭配符合人类记忆的特征,由于两个词语经常共现,达到一定的频率后,人脑在理解、记忆和输出时会省去语法分析的步骤,把它们作为一个单位来处理,这样,这些被称为词组或短语的搭配组合便具有了语块的特征,进入了语块的范畴。至此,语块的内涵与早期相比扩大了很多。

可见,语块内涵的丰富和类别的增多,是伴随着研究的逐步深入出现的。在本章第二节中,我们从汉语真实交际语料中提取的语块有 9 类之多,呈现了汉语语块的基本面貌,它们在汉语交际中的重要性不尽相同,因此我们从"狭义和广义""典型成员和一般成员"两组概念对语块内部成员的地位进行探讨。

一、狭义和广义

基于语块内涵发展变化的事实,有必要对其进行狭义和广义上的界定和区分。

狭义的语块特指形式完整不可分割、意义凝固不能分解的语块,包括成语、惯用语、俗语、固定短语、专有名称、独立语、插入语等,如"狐假虎威、巧妇难为无米之炊、吃不了兜着走、喝西北风、五湖四海、希望工程、西部大开发、怎么说呢、这么吧、说哪儿去了",这些语块都不能从字面意义推导其整体义,最能体现汉语的意合特征,具有深刻的历史和文化内涵,在汉语交际中最稳定,意义和用法也最丰富。

广义的语块泛指在汉语交际中作为整体使用的所有词语序列,记忆、理解和输出的整体性是其基本特征,除了狭义的语块外,还包括离合短语、受限组合、短语框架、句式框架、常用搭配等,如"打个招呼、离过婚、痛苦不堪、一呼一吸、由……可知、当……的时候、尽管……可是……、享受生活、心胸宽广、勇敢的行为"。在广义的语块中,除了形式和意义固定的语块外,还包括大量的半固定和自由语块,且占有很高的比例。半固定语块具有一定的可变度,如"打个招呼/打了次招呼、离过婚/离了婚、痛苦不堪/狼狈不堪、一呼一吸/一进一出/一早一晚、由此可知/由这些证据可知",除加点部分(不变成分)外,可变成分能替换。自由语块依据词语间的共现频率组合在一起,本身可以分解,随着社会生活的不断发展变化,自由语块的内部成员呈现出动态的增减变化,例如,"红色政权、遭受批斗、知青下乡"等一批自由语块已经逐渐退出当代语言生活的舞台,而"智能生活、电子支付、抗击疫情、直播带货"等一批高频搭配已进入语块的范畴。

二、典型成员和一般成员

范畴是认知语言学的基本概念,也是研究客观事物和人类思维的基本工具。维特根斯坦提出"家族相似性"理论后,许多研究者已经论证过范畴是一个连续整体,其内部存在着许多过渡状态,一个范畴内部成员的地位是不均等的,范畴的中心是典型成员(原型),与原型相似性较低的成员是非典型成员,同时,认知语言学还认为"范畴没有明确界定的边界,范畴的边界是开放的、模糊的……使得新的成员可以比较容易地进入范畴,成为边缘成员"①。

依据汉语语块内涵不断发展的事实,以及上文对汉语语块进行狭义和广义上的界定,可以得出,汉语语块是一个不断发展变化的模糊集合,其内部成员的地位不同,可以分为典型成员和非典型成员(一般成员),且集合的边界是开放的,一些成员可以进入或退出。依照范畴理论,可将汉语语块作为一个范畴来进行内部层次的划分(见图 2-1)。

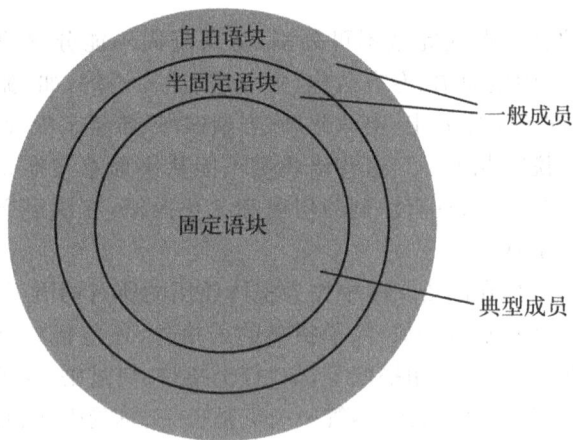

图 2-1　汉语语块的范畴和内部层次

根据图 2-1,在汉语语块范畴中,形成了"固定语块-半固定语块-自由语块"这样一个连续统,固定语块是典型成员,结构和意义最稳固,半固定语块和自由语块是一般成员,它们在结构和意义上的整体性逐渐减弱,特别是自由语

① 吴世雄,陈维振.范畴理论的发展及其对认知语言学的贡献[J].外国语,2004(4):38.

块,其边界是模糊和开放的状态,随语言生活的变化而变动。

固定语块作为语块的原型,形式和意义的稳固性最强,最能体现汉语的意合特征。例如,在 BCC 语料库中,成语"朝三暮四"的用例有:

(1)你让我成熟起来,让我知道男人是要有肩膀,有担当,朝三暮四是畜生的行为。(作主语)

(2)男人可以朝三暮四、寻花问柳,女人为何就必须从一而终?(作谓语)

(3)在东山最初出现的脸上,她以全部的智慧看到了朝三暮四。(作宾语)

(4)还应该指出,感情是婚姻的基础,如果与朝三暮四、出尔反尔的人缔结姻缘,实际上是播下今后家庭生活不幸的种子。(作定语)

(5)好像掘池,有人说四方形好,有人说圆形好,朝三暮四地改个不休,而对于池所以为池的要素的水,反无人注意。(作状语)

惯用语"一锤子买卖"的用例有:

(1)它不能通过一时一事来实现,更不能以牺牲百姓的利益为代价。一锤子买卖只能砸自己的牌子。(作主语)

(2)博文一锤子买卖,搞的最后,所有人都知道假货是中国制造!(作谓语)

(3)有些企业搞"一锤子买卖",其结果是大家一窝蜂地拥进来,竞相降价,自相残杀。(作宾语)

(4)过去学校转化成果,通常采取一锤子买卖的方法,成果一转了事,学校科研人员不参与后续的转化。(作定语)

(5)一些工厂只图眼前利益多拿钱,结果一锤子买卖砸掉了东西南北诸多用户,失去了广泛的竞销市场。(作状语)

以上两个固定语块在句中位置灵活,都可以用作主语、谓语、宾语、修饰语(定语、状语)等句子成分,意义远离字面义的组合,完整而凝固,语境丰富、文化色彩鲜明。

半固定语块具有一定的稳固性,同时具有一定的可变性。在 BCC 语料库中,离合语块"打……交道"中间填充的部分一般为时间、次数,或一些表示修饰限制的名词(如"学术")、形容词(如"有限、间接"),还有表示时态的助词"了、过"等。如:

（1）身为市第九人民医院副主任医师，她已经跟牙齿打了近15年的交道。

（2）啊，你和我们打了这么多次的交道，你还不是公民哪？

（3）想起来，我和黑客打过的有限几次交道都还是很愉快的。

（4）在我二十年的天文学史研究生涯中，他们或为我曾有幸结识，或曾打过间接的学术交道，至少也是"久闻大名"的人物。

短语框架"以……为……"的用法就更丰富了，在BCC语料库中的用例有474415条，其下位语块就有"以……为例、以……为准、以……为主、以……为宜、以……为始、以……为由、以……为限、以……为代表、以……为目标、以……为对象、以……为中心、以……为起点、以……为参考、以……为契机、以……为单位、以……为标志、以……为核心、以……为平台、以……为基础、以……为主体、以……为依托、以……为重点、以……为试点、以……为主线、以……为背景、以……为依据、以……为原型、以……为原则"，等等。单以"以……为主"为例，其中间填充的内容就有双音节词、并列结构、定中结构、状中结构、主谓结构、动宾结构、"的"字结构，如：

（1）那天后成都演唱会圆满成功，以前都是以情歌为主，现在都是以幸福为主。

（2）如果想人物脱离背景尽量不要全身拍摄，主要以半身或是特写为主，可以达到更好效果。

（3）春运以来，以返乡过年车辆为主的车流挤爆广东出省交通要道京港澳高速公路粤北段，导致车祸频发。

（4）1989年11月25日，山东引黄济青工程建成通水。是以向青岛市供水为主兼顾沿线人畜用水及农业用水的远距离调水工程。

（5）有25.6%的市民打算在"五一"期间进行观光游。出游的市民中，以全家一起出门为主。

（6）周朝以兴建皇家宫苑为主，凿湖堆山，植树造林，开始传统园林的尝试和探索。

（7）以下收集整理了全国23个省市分公司的开门红方案，以2010年的为主。

自由语块最灵活，稳定性也最低，形式和意义都能分解，语块内部词语因高频共现组合在一起，最能体现语言生活的时代特色。例如，在BCC语料库

中,双音节名词"电话"的用例有 256064 条,我们抽样 1000 条进行分析,构成的自由语块大概有以下几种:

(1)与"电话"有关的动作行为:打电话、拨电话、通电话、讲电话、听电话、挂电话、回电话、拿起电话、放下电话、挂断电话;

(2)与"电话"有关的事物:电话号码、电话亭、电话卡、电话费、电话公司、电话业务、电话会议;

(3)不同类别的"电话":音频电话、视频电话、网络电话、无绳电话、固定电话、移动电话;

(4)不同功能的"电话":联系电话、咨询电话、求助电话、热线电话、订票电话、救援电话、报警电话、投诉电话、线索电话、监督电话、维修电话;

(5)不同场所的"电话":住宅电话、办公电话、家庭电话、公用电话;

以上由"电话"构成的自由语块在语言使用中的频率是不同的,"电话亭""电话号码""无绳电话""联系电话""电话会议"五个语块在 BCC 语料库中的出现次数见表 2-4:

表 2-4 "电话"构成的 5 个自由语块及其在语料库中的出现次数

语块	出现次数
电话亭	1652
电话号码	7103
无绳电话	417
联系电话	3914
电话会议	4601

可见,"电话号码"和"联系电话"常用且相对稳定,"电话亭"和"无绳电话"已经或正在远离日常生活,因为网络的兴起,"电话会议"的使用频率已经超过"联系电话"进入常用范畴。

以上是依据语块在整个汉语系统中的稳定程度进行的定位和层次分类,体现了汉语语块从结构稳定到自由的过渡系统,不同层次语块的凝固程度不同。需要注意的是,自由语块虽然在语言使用中数量多、出现频率高,但因其内部组合关系清晰,整体义可以由成分义推导,且内部成分还可以被同类词语替换,因此不能仅依据高频的标准过分强调其重要性。相反,一些自古至今形式意义稳定、不可分解且内涵丰富的固定语块才是重点,这些固定语块适用于不同领域和不同文体,最能体现汉语特征,也最能体现汉语学习者交际水平的高低,因此在汉语二语教学中需要引起重视。

综上,对汉语语块进行狭义和广义上的区分,同时对语块进行内部层次的划分,区分典型成员和一般成员,明确不同层次语块在使用中的特点,有利于明确语块的主体和发展变化的规律,符合语块的本义及其内涵发展需求,符合人类记忆和使用语言的基本特征,同时也符合汉语意合的特点,应该作为语块研究和语块教学开展的基础。

第四节　广义汉语语块模式的构建和特征

本节利用语料库,以常用介词"对"为例,构建语块模式,探讨"对"组成的汉语语块的类型、格式,并总结其特征①。这些由介词"对"构成的语块均是半固定语块(短语框架或句式框架),属于广义上的汉语语块,对汉语语块的模式构建具有借鉴意义。

"对"是一个使用频率很高的单音介词,关于介词"对"和"对"字短语的研究一直都是介词研究的热点,也是对外汉语虚词教学的重点。在本体研究方面,不少虚词辞书都有关于介词"对"的详细介绍,如《现代汉语虚词词典》(侯学超,1998)、《实用现代汉语语法》(刘月华、潘文娱等,2004)、《现代汉语八百词》(吕叔湘,2003)等;研究介词的专著也有关于"对"的探讨,如《现代汉语介词研究》(傅雨贤、周小兵等,1997)、《介词与介引功能》(陈昌来,2002)等;讨论"对"及其相关问题的论文更多,如刘顺(1998)、侯学超(1998)、周晓林(2001)、付琨(2004)、吉庆波(2007)、杨丹毅(2007)、万莹(2008)等。在对外汉语教学研究方面,周文华的《现代汉语介词习得研究》(2011)是目前从二语习得角度较全面地研究介词的专著,书中有关于介词"对"的习得情况的全面考察,并提出了教学建议;另外,李琳莹(1999)、赵葵欣(2000)、何薇(2004)、郭敏(2006)、黄恩任(2012)等也从留学生使用介词的角度探讨了"对"和相关问题。以上对介词"对"的研究,基本上延续了介词研究的传统方法,涉及"对"的语法、语义、语用功能,"对"与相似介词的比较,"对"的偏误分析等,但介词研究和语块理

---

① 本节内容曾以"基于语料库的现代汉语介词语块探讨"为题载于《国际汉语学报》第5卷第2辑,有删改。

论尚未结合。

一、"对"字介词语块的模式、构成类型、具体格式和内部成分

从对外汉语教学和汉语学习者的需要出发,我们把大于词小于句子的成分叫作语块,基本相当于传统语言学所说的短语或词组,但又有本质不同。前人对介宾短语已有比较深入的研究,根据其独立的句法功能和完整的意义,将介宾短语作为语块来整体识记是可取的,但仅局限在介宾短语内,介宾短语与其后续成分的关系被忽略,容易造成汉语学习者运用上的偏误,如何薇(2004)搜集了留学生运用"对、向、跟、给"这四个介词的真实语料,在介词的缺漏、误加、混淆这三类偏误143个句子中,与"对"有关的偏误就有82例(占57%),其中有许多就和介宾短语的后续成分有关。我们在教学中也发现了类似的现象,如(1)~(6)①。

(1)*妹妹很感兴趣足球。(应改为:妹妹对足球很感兴趣)

(2)*她是对我比较喜欢交往的人。(应改为:她是我比较喜欢交往的人)

(3)*大家没有了围棋的兴趣。(应改为:大家没有了对围棋的兴趣)

(4)*对妈妈有关的故事我知道很多。(应改为:与/跟/和妈妈有关的故事我知道很多)

(5)*我们明天要对那些问题讨论。(应改为:我们明天要对那些问题进行讨论)

(6)*我觉得对你的公司,我很有用。(应改为:我觉得对你的公司来说,我很有用)

我们从汉语本身来分析以上偏误的成因:例(1)介宾短语和谓语错序,并且遗漏介词"对",源于没有弄清"足球"与后续离合性动词短语"感兴趣"的关系;例(2)误加介词"对",源于没有弄清介宾短语中的宾语"我"和后续动词"喜欢"的关系;例(3)遗漏介词"对",源于没有弄清"围棋"和后续名词"兴趣"的关系;例(4)误代介词"对",源于没有区分与"对"相似的介词;例(5)遗漏动词"进行",源于没有注意介宾短语后特殊动词的连用情况;例(6)遗漏介词框架中的"来说",源于对介词框架在句中的位置和功能认识不清。

---

① 我们对学生病句做了处理,只展示与介词"对"相关的偏误信息,对句中的其他偏误做了适当的修改。

　　从以上偏误成因的探讨中不难发现，介词"对"、介词的宾语、介宾短语后的谓语动词或名词都会影响介词"对"的习得，它们之间的语义关系以及组合后的功能，关系到介词"对"的正确运用，也能与相似介词进行有效的区分。以往的介词教学大多只注意介词本身的意义和用法，讲搭配也基本上只限于介词后的宾语，对介宾短语后的成分及其相互关系关注不多。根据介宾短语在句中的功能和汉语"右向型"的特点，我们将传统意义上的介宾短语向右扩展，关注介宾短语的后续成分，建立介词语块的模式[①]：

　　{P＋X}＋Y

　　其中 P 代表介词，X 代表介词介引的成分（即介词的宾语），Y 代表介宾短语的后续成分。根据"对＋X"在句中作状语和作定语两大功能，"对"字介词语块可以具体分为[对＋X]＋Y 和（对＋X）＋Y 两种类型[②]。

　　我们从国家语委现代汉语语料库[③]中检索抽样了 1000 条符合"对/P"的句子进行分析，其中无效语料[④]占 23 例，"对＋X"在括号中作剧本提示语[⑤]的占 5 例，我们从剩下的 972 例语料中提取"{对＋X}＋Y"语块，其中"[对＋X]＋Y" 670 例，"（对＋X）＋Y" 302 例，并对两种类型中的 X 和 Y 分别进行处理[⑥]和统计[⑦]。

　　在"[对＋X]＋Y"中，X 所属的意义范畴比较广，涵盖的词语较分散，共 449 个，出现次数在 5 次以上的有 24 个，见表 2-5；Y 涵盖的词语相对集中，共 226 个，出现次数在 5 次以上的有 18 个（"做"和"作"不进行区分），见表 2-6。

---

① 周小兵（1997）认为介词涉及的成分主要有 6 个，其中介词宾语、介词结构所修饰或补充的谓语、介词结构修饰的体词语是核心因素，这与我们建立的介词语块模式中的 X、Y 所代表的成分是一致的。

② 在语料检索中，我们没有发现"对"字介宾短语做其他句子成分的情况，这和大多数学者认为"介宾短语的主要功能是作状语和作定语"的看法是一致的。

③ 语料网址：http://www.cncorpus.org/。

④ 这里的"无效语料"指将"对"的词性标注错误的语料和含有"对/p"的病句。

⑤ 如（/w 对/p 高虹/nh)/w 这儿/r 你/r 注意/v 一点/mq。

⑥ 如果 X 和 Y 是词，保持不变，如果 X 和 Y 是偏正短语，则只取作中心成分的词，如果是并列短语，则一分为二（或一分为三）。

⑦ 我们以频率作为重要参考，统计两个类型语块中出现次数在 5 次以上的 X 和 Y，参照《现代汉语词典》（第 6 版）标注词性，并结合词性分析特征。我们使用的词性符号如下：名词（n）、代词（r）、动词（v）、动词短语（vp）。

表 2-5 "[对+X]+Y"中 X 的词性及出现频次

词	我	他	此	她	问题	你	工作	学生	发展	他们	人	社会	行为	自己	干部	国家	经济	企业	事物	我们	工人	情况	它	语言
词性	r	r	r	r	n	r	n	n	n/v	r	n	n	n	r	n	n	n	n	n	n	n	r	n	n
频次	24	19	17	12	12	11	10	9	8	8	7	7	7	7	6	6	6	6	6	6	5	5	5	5

表 2-6 "[对+X]+Y"中 Y 的词性及出现频次

词	进行	说	有	做/作	产生	起作用	来说	具有	实行	加以	讲	是……的	提出	表示	采取	给予	发生	感兴趣
词性	v	v	v	v	v	vp	vp	v	v	v	v	vp	v	v	v	v	v	vp
频次	80	70	42	20	16	14	10	9	9	7	7	7	7	6	6	6	5	5

从表 2-5 和表 2-6 的统计结果来看,X 中出现频次较高的是一些指人的代词、名词,而 Y 中出现频次较高的则是表动作或行为进行、存在、发生的动词。

在"(对+X)+Y"中,X 所属的意义范畴比较广,涵盖的词语较分散,共 210 个(不含人名、地名、国名),出现次数在 5 次以上的只有 4 个,见表 2-7;Y 涵盖的词语相对集中,共 185 个,出现次数在 5 次以上的有 13 个,见表 2-8。

表 2-7 "(对+X)+Y"中 X 的词性及出现频次

词	自己	国家	社会	他们
词性	r	n	n	r
频次	6	5	5	5

表 2-8 "(对+X)+Y"中 Y 的词性及出现频次

词	认识	影响	理解	领导	作用	研究	教育	要求	分析	改造	贡献	看法	评价
词性	v/n	v/n	v	v/n	v/n	v	v/n	v/n	v	v	v/n	n	v/n
频次	13	12	11	10	10	7	6	6	5	5	5	5	5

从表 2-7 和表 2-8 的统计结果来看,X 中出现频次较高的是一些指人的代词"自己""他们"和"国家""社会",而 Y 中除了"看法"是名词外,其他均是动词和动名兼类词,包含思维认知、影响作用等意义类别。这种现象揭示了介词短语作定语与作状语两大功能之间的联系,介词短语作定语是后起的,并且可以由作状语的介词短语变换而来①。

我们参照陈昌来(2012)在研究类固定短语时建立的"类型-格式-语例"分析体系,对"对＋X"作状语"[对＋X]＋Y"和作定语"(对＋X)＋Y"的介词语块进行探讨。

(一)类型一:[对＋X]＋Y

这一类型的"对"字语块共 670 例,具体分为四种格式。

1.格式Ⅰ:[对＋体词性成分]＋谓词性成分

这一格式在所有语料中所占比例最高,有 570 例,是"对＋X"作状语的典型格式。

从 X 和 Y 的语法属性来看,X 为体词性成分,包括普通名词 n,名词短语 np,处所名词 nl,代词 r 等,Y 是谓词性成分,包括动词 v,动词短语 vp,形容词 a 等。例如:

(1)因此,[对其他层次的党政关系]也要做出调整。(X 为 np,Y 为 vp)
(2)没想到以后你就[对我]冷淡了。(X 为 r,Y 为 a)

这一格式中包含着"[对＋X]＋来说/而言"的用例,相当于陈昌来(2002:138)说的"介词框架",一般用在句首作整个句子的状语(或话题)。如:

(3)[对企业]来说,这些都必须加以补偿才能保证再生产的顺利进行。(X 为 n,Y 为 vp)

2.格式Ⅱ:[对＋谓词性成分]＋谓词性成分

这一格式在所有语料中所占比例较低,有 19 例。

从 X 和 Y 的语法属性来看,X 为谓词性成分,包括动词短语 vp,形容词

---

① 根据王钰(1999)的考察,介词短语作定语萌芽于公元 10 世纪前后,到 17、18 世纪开始迅速发展,20 世纪初前后,"对、对于、关于"开始作定语,作者还提到介词短语作定语的共时来源,其中之一便是由作状语的介词短语变换而来。

a,主谓短语 zw 等,Y 也是谓词性成分,包括动词短语 vp,形容词短语 ap 等。例如:

(1)目前一些团干部[对如何抓好理想教育]尚有三个担心。(X 为 vp,Y 为 vp)

(2)年深日久,竟[对美]也日益淡漠起来。(X 为 a,Y 为 ap)

3.格式Ⅲ:[对+体词性成分]+体词性成分

这一格式在所有语料中所占比例最低,只有 1 例。X 和 Y 都是体词性成分,为名词短语 np。如:

(1)[对心理学知识]一片空白的人,……(X 为 np,Y 为 np)

4.格式Ⅳ:[对+谓词性/体词性成分](逗号)

这一格式在所有语料中所占比例不高,有 80 例。

从 X 的语法属性来看,X 可以是体词性成分,也可以是谓词性成分,包括普通名词 n,名词短语 np,代词 r,动词短语 vp 等。如:

(1)[对选定的后备干部],要大胆使用,定向培养。(X 为 np)

(2)青年人[对限速前进],总有点别扭。(X 为 vp)

从"对+X"的独立程度来看,在类型一中,格式Ⅰ、Ⅱ、Ⅲ中的"对+X"都必须和 Y 一起作为一个整体使用,但在格式Ⅳ中,"对+X"后有逗号,在句中位置灵活,可以位于句首或句中。Y 一般位于后续的分句中,有时与 X 之间被主语隔开。

(二)类型二:(对+X)+Y

这一类型的"对"字语块共 302 例,具体分为三种格式。

1.格式Ⅰ:(对+体词性成分)+体词性成分

这一格式在所有语料中所占比例不高,仅为 18 例。

从 X 和 Y 的语法属性来看,X 和 Y 都是体词性成分,X 包括普通名词 n,名词短语 np,地名 ns 等,Y 包括名词 n 和名词短语 np。例如:

(1)(对客观世界)任何一种认识,都体现在一次思维的过程中。(X 为

np,Y 为 np)

(2)现在只剩下(对南斯拉夫)一场比赛。(X 为 ns,Y 为 np)

在格式Ⅰ中,"对＋X"与 Y 之间可以加上"的",意义不变。

2.格式Ⅱ:(对＋体词性成分)＋的＋体词性/谓词性成分

这一格式在所有语料中所占比例较高,有 271 例,是"对＋X"作定语的典型格式。

从 X 和 Y 的语法属性来看,X 为体词性成分,包括普通名词 n,名词短语 np,代词 r 等,Y 可以是体词性成分,也可以是谓词性成分。例如:

(1)我国的一些著名学者和思想家(对人性)的看法就发生过颇大的分歧。(X 为 n,Y 为 n)

(2)这个运动既是(对有数千年传统的封建主义)的沉重打击,……(X 为 np,Y 为 vp)

在格式Ⅱ中,"对＋X"和 Y 之间有结构助词"的",因此当 Y 为体词性时,"的"省去后不影响整个语块的意义,但当 Y 为谓词性时,"的"不能省去,去掉"的"后,"对＋X"就从定语变为状语。

3.格式Ⅲ:(对＋谓词性成分)＋的＋谓词性成分

这一格式在所有语料中所占比例较少,只有 13 例。

从 X 和 Y 的语法属性来看,X 为谓词性成分,包括形容词 a,动词短语 vp,小句 xj 等;Y 也是谓词性成分,包括动词 v,动词短语 vp。如:

(1)动是(对静)的否定。(X 为 a,Y 为 v)

(2)明确而统一的行为规范及(对遵守共同规则)的强制约束是从事大规模商品交易的必要条件。(X 为 vp,Y 为 vp)

与格式Ⅱ一样,这一格式中的"的"都不能省去,去掉"的"后,"对＋X"就从定语变为状语。

二、"对"字介词语块成分间的语义关系和各成分的意义范畴

陈昌来(2002:71-78)根据现代汉语句子语义结构的构成成分系统,把现代汉语介词分为八大类十七小类,根据他的分类,介词"对"可以属于客事介

词、与事介词、关事介词,可以介引不同的语义成分,下面我们借鉴这种分类,对"对"字语块的内部成分 X 和 Y 的语义关系和各成分所属的意义范畴进行探讨。

(一)类型一:[对+X]+Y

除去格式Ⅳ,在语块"[对+X]+Y"中,X 处于中间项,作介词"对"的介引成分,"对+X"作 Y 的状语,从语义关系看,X 可以是 Y 的客事、关事。

(1)X 是 Y 的客事,是指 X 在语义上是动作 Y 的接受者,受到 Y 的作用或影响。这一类在类型一中有 247 例。如:

[对伟大先贤]单纯模仿;[对质量]不重视。

值得注意的是,这一类中还包括一些特殊的 Y,它们要与其后面的动词一起对 X 施加影响,这类词有"进行、加以、给予、做、作、表示、实行、发生、加强、开始"等。如:

[对训练周期]进行改革;[对某种语言]加以褒贬;[对以下几个问题]应给予足够的重视;

[对他们]表示热烈欢迎;[对化肥和其他化学药品]实行补贴。

此类的 X 多为体词性的名词(或短语),也有一些动词或动名兼类词,它们可以属于以下几个意义范畴:

A.指人类:病人,成员,党员,干部,工人,孩子;

B.事物类:

  a.具体类:电报,电稿,工厂,扇子,商标,图纸;

  b.抽象概括类:标准,程度,方式,关系,规律,思想;

C.行为活动类:工作,活动,战争,劳动,行动,生产,生活;

此类的 Y 都是谓词性的,多数是动词或动词短语,可以属于以下几个意义范畴:

A.言语活动类:表示,表扬,称呼,称为,解释,劝说,说;

B.其他活动类:安置,敌视,观赏,加工,缺乏,实施,要求;

C.情感态度类:爱,不满,害怕,怀疑,同意,相信;

D.思维认知类:分析,考虑,理解,预测;

(2)X 是 Y 的关事,是指 X 在语义上是 Y 所关涉的对象、范围、方面、条件等。这一类在类型一中有343例。

这一类中的Y可以为及物动词，后面有宾语，如：

[对棉布]免收布票；[对第二期整党单位]提出要求；[对老师]充满了感激之情。

Y也可以为不及物动词、形容词，如：

[对同沿岸国]开放；[对日]宣战；[对兄弟]客气；[对我]那么凶。

如果Y是及物动词但同时又没有宾语，那么Y已经在意义上发生虚化，和X不存在直接的施受关系，只是Y关涉的对象，如：

[对生命]而言；[对乐器艺术创造]来说。

此类的X大都是体词性的名词（或短语），也有一些动词、形容词，可以属于以下几个意义范畴：

A.指人类：阿姨，爸爸，大家，敌人，职员，朋友；

B.事物类：

　　a.具体类：棉布，商船，喜鹊，竹子；

　　b.抽象概括类：关系，概念，理论，功能；

C.行为活动类：创造，斗争，测定，销售，推广；

D.性质类：美，危险；

此类的Y大都是谓词性的动词（短语）和形容词（短语），它们可以属于以下几个意义范畴：

A.言语活动类：答，发问，喊，讲，介绍，说，问；

B.其他活动类：表现，采取，传达，负责，提供，统计；

C.情感态度类：淡漠，客气，绝望，严厉，积极；

D.思维认知类：感觉，感兴趣，一无所知，知大略；

E.作用意义类：起作用，有利，有益，有用；

F.存在、产生类：有，享有，具有，持有，充满，发生；

G.强调类：而言，来说，是，是……的；

（二）类型二：（对＋X）＋Y

在语块类型二中，X处于中间项，X是"对"的直接介引成分，"对＋X"作Y的定语，从语义关系看，X可以是Y的客事、关事、与事。从语法属性看，Y既可以是体词性的，也可以是谓词性的，因此当Y为谓词性的词语时，它的功能已经由陈述性转化为指称性了（陈昌来，2002：132）。

（1）X是Y的客事，是指X在语义上是Y的承受者，受到Y的作用或影响。这一类在类型二中比例最高，有248例，如：

（对客观世界）任何一种较为完整的认识；（对子女）的爱；
（对你们）的注意；（对企业）的控制。

此类的X多是名词和名词短语，也有少量的人名、地名、代词和一些谓词性成分。其中的名词（含名词短语）可以属于以下几个意义范畴：

A.指人类：读者，科学家，职工，学生，农民；

B.事物类：

　　a.具体类：乐曲，蛇，房屋，工具，电器；

　　b.抽象概括类：灵魂，心理，思想，关系，真理；

　　c.理论学说类：教育救国论，哥白尼学说，马克思主义，共产主义；

　　d.场所行业类：世界，自然，国家，地区，农业，手工业，资本主义工商业；

　　e.政治规范类：内政，政权，专政，私有制，体制，规范，政策，宪法；

C.行为活动类：生活，工作，劳动，教育，活动；

此类的Y多是动词和动词短语，很多动词兼有名词的词性。其中的动词（含动词短语的中心成分）可以属于以下几个意义范畴：

A.言语活动类：解释，回答，非议，讨论，赞颂，指责；

B.其他活动类：教育，优抚，领导，补贴，注意，协调，规定；

C.情感态度类：否定，承认，爱，怀念，仇恨，怀疑，同情；

D.思维认知类：感知，思考，理解，分析，评价，探究；

（2）X是Y的关事，是指X在语义上是Y所关涉的对象、范围、方面、条件等。这一类在类型二中不多，只有48例。如：

（对马大婶和二傻子）真挚的感情；（对创造力）的看法；
（对学生）的教育态度和方式；（对爱情）的忠贞。

此类的 X 多是名词和名词短语，另外还有一些人名、地名和代词。其中的名词(含名词短语的中心成分)可以属于以下几个意义范畴：

A.指人类：儿童，少年，妇女，学生，观众，顾客；

B.事物类：

    a.具体类：菊花，螺旋桨，资料，土地，身体；

    b.抽象概括类：爱情，社会美，创造力，成就，人性；

C.行为活动类：生活，工作，劳动，革命；

此类的 Y 也多是名词和名词短语，还有少量的情感类形容词，如"坚贞、忠贞、忠诚"等。其中名词(含名词短语的中心成分)可以属于以下几个意义范畴：

A.情感态度类：感情，热情，痛苦，兴趣，态度，礼貌；

B.见解论点类：意见，看法，印象，观点，好话；

C.作用意义类：感受力，注意力，力量，抵抗力，需求量，反应，作用；

D.权利义务类：占有权，权利，义务，职责，责任；

(3)X 是 Y 的与事，是指 X 在语义上是 Y 的参与者，作为除了主语以外的另一成员参加到 Y 这一事件或活动中来。这一类在类型二中比例最低，只有 6 例，如：

(对南斯拉夫)一场比赛；(对日)战争；(对华)贸易。

在意义范畴上，此类的 X 一般是国家或集体名词，Y 一般是比赛、战争、贸易类的名词。

三、常用"对"字介词语块的功能

(一)语法功能

与"对"字介宾短语在句中作状语和定语的两大语法功能不同，"对"字介词语块是大于"对"字介宾短语的语言结构，在句中的语法功能较多样，我们按照类型分别探讨，并对语块中"的"字的有无和相关偏误进行分析。

1."[对＋X]＋Y"的语法功能

"[对＋X]＋Y"在句中一般作状谓联合语[①]，位于句中或句尾，如(1)、

[①] 这里所说的"状谓联合语"是考虑到状语和谓语结合的语言事实，从句子成分的本质上讲，这种结构可以看作谓语。

(2)，个别时候可以作定语，位于句中，如(3)。

(1)他[对朱德]产生了一种患难遇知音的敬慕。
(2)我只[对事实]感兴趣。
(3)第二类是[对故事本身]感兴趣的人。

值得一提的是"[对＋X]＋来说"，一般在句首作状语，如(4)，个别时候可以作定语，如(5)。

(4)[对企业]来说，这些都必须加以补偿才能保证再生产的顺利进行。（作状语）
(5)[对我]来说的好事，就是丰田中心没有位于前往机场的路上。（作定语）

在这一类型语块中，由于"对＋X"作 Y 的状语，因此，任何时候 X 和 Y 的中间都不能插入"的"，如(6)。

(6)老师对大家提出希望。≠ ＊老师对大家的提出希望。

2."(对＋X)＋Y"的语法功能

"(对＋X)＋Y"可以作主语、宾语，位于句首或句尾，如(1)、(2)，个别时候在句中作定语，如(3)。

(1)(对资产阶级分子)的教育，就是帮助他们完成思想上的转变。（作主语）
(2)河间府卖饼人的故事就足以表现当时人民(对文天祥)的看法。（作宾语）
(3)注射肉毒杆菌会改变大脑处理感官印象的过程，注射的部位(对肌肉动作)的影响大小也可能不同。（作定语）

"(对＋X)＋Y"作主语或定语时，"的"字的有无不影响句子的正常表达，X 和 Y 的语义关系不发生变化，如(4)、(5)。当语块"(对＋X)＋Y"在句中作宾语时，"的"字不能省略，这种偏误比较常见，如(6)。

(4)我对他的评价很好。＝我对他评价很好。

(5)我们对他的评价的高低是不同的。＝我们对他评价的高低是不同的。

(6)＊随着经济水平提高，人人都有对健康要求。（应改为：随着经济水平的提高，人人都有对健康的要求）

需要注意的是，语块中"的"字使用正确与否，与学习者对介词"对"的管约界限的认识有关系。在语块"{对＋X}＋Y"中，X是"对"的介引成分，受到"对"的管约，X与Y之间的"的"不受"对"的限制，与语块在句中的语法功能有关（前文已讨论）。如果"的"位于X内，则说明"对"的介引成分是体词性的，不能省略，如(7)。

(7)他对我的分析有意见。≠＊他对我分析有意见。

(二)语用功能

陈昌来(2002)对介词在语用方面的价值和意义做过详细论述，借鉴其研究成果，从我们确定的常用"对"字介词语块来看，其主要的语用功能有话题标记功能和篇章功能。

1.话题标记功能

汉语是一种主题突出性语言，在常用"对"字介词语块中，"对＋X＋来说"经常位于句首，是具有话题标记功能的最有代表性的语块，如(1)。

(1)对美国人来说，《哈克贝利·费恩历险记》是第一部用美国纯粹习惯语书写的重要作品。

另外，"对"字介词语块可以分解为"对"字短语和后续成分，"对"字短语可以从句中移至句首，充当话题，凸显焦点信息，如(2)。

(2)家庭和环境一直对他们起着陶冶的作用。＝对他们，家庭和环境一直起着陶冶的作用。

2.篇章功能

(1)回指功能

汉语在篇章行文过程中，对于邻近出现的相同内容，为了避免重复常用代词来回指。据前文统计,在两种类型的常用"对"字介词语块中,代词是用作 X 的高频词类之一,当"对"后是代词性成分时,"对"字语块在句中就具有回指功能,如①中"它"指"茶馆"。有时,句中的回指性成分同时出现在"对"字语块中和语块后,在"对"字语块前可以找出回指性代词所指的内容,如②中"那些智力差的孩子"中有代词"那些",语块后的句子中有代词"他们",这些回指成分与前面的"低能儿童"相呼应。

①此次重温《茶馆》,我们感到更加亲切,对它的理解也更深了一些。

②有人对头发中十四种微量元素进行分析后,根据微量元素浓度不同,以区分智力正常儿童与低能儿童,其准确率可达百分之九十八。经过两年的行为心理和营养疗法之后,继续对那些智力差的孩子进行检验,发现他们的智力及其头发中的微量元素浓度几乎都已恢复正常。

(2)分列功能

"对"字语块的分列功能,是指当"对"字语块中 X 的成员不止一个,且是并列关系时,可以多项并举,讲述不同的方面,如①。但是,当 X 的成员具有相对相反的关系时,就必须以多个"对"字语块列出,如②。

①同时,随着居住条件的改善,将会对室内装饰、各式家具、家用电器提出大量需求和创造发展的条件,促进生活用器械电子产品和轻纺工业的发展。

②具体地说,法律这种行为规则除了对被统治阶级具有约束力以外,对统治阶级成员也同样具有约束力。

有时,"对"字语块具有"总说"的功能,语块后有"分说"的内容,我们将这种功能也纳入分列功能。如③中"7 个骨干企业"与后面的"2 个主体企业"和"5 个企业"形成"总分"关系。

③公司领导从经营机制上找原因、求对策,对 7 个骨干企业实行全额资产入股,以 2 个主体企业为核心层,5 个企业为紧密层,另有 12 家相关企业为参股半紧密层。

从留学生的偏误来看,"对"字介词语块的语用功能不是习得难点,只有个别混淆话题和主语的情况,如④"对我自己来说"是典型的话题结构,在句子中不能做主语。

④＊这种手机在学生中很受欢迎，对我自己来说也是很喜欢的。（应改为：这种手机在学生中很受欢迎，我自己也是很喜欢的）

四、"对"字介词语块特征

根据以上关于"对"字介词语块的结构类型、格式、内部成分语义关系、语法语用功能的探讨，用表 2-9 进行总结。

表 2-9　"对"字介词语块特征表

类型	［对＋X］＋Y	（对＋X）＋Y
格式	Ⅰ.［对＋体词性成分］＋谓词性成分 Ⅱ.［对＋谓词性成分］＋谓词性成分 Ⅲ.［对＋体词性成分］＋体词性成分 Ⅳ.［对＋谓词性/体词性成分］（逗号）	Ⅰ.（对＋体词性成分）＋体词性成分 Ⅱ.（对＋体词性成分）＋的＋体词性/谓词性成分 Ⅲ.（对＋谓词性成分）＋的＋谓词性成分
成分关系	Ⅰ.X 是 Y 的客事 Ⅱ.X 是 Y 的关事	Ⅰ.X 是 Y 的客事 Ⅱ.X 是 Y 的关事 Ⅲ.X 是 Y 的与事
语法功能	状谓联合语、定语	主语、宾语、定语
语用功能	话题标记功能、篇章功能（回指、分列）	

根据表 2-9，我们得出了"对"字介词语块的以下特征：

（1）"对"字介词语块"｛对＋X｝＋Y"具有层级性，"对＋X"与 Y 之间具有修饰关系。

（2）根据"对＋X"的不同句法功能，可以将"对"字介词语块分为两种类型：［对＋X］＋Y 和（对＋X）＋Y，每种类型又可依据 X 和 Y 的语法属性，同时结合"对＋X"与 Y 结合的紧密程度，划分为若干格式。

（3）从语块内部成分的语义关系看，在类型一"［对＋X］＋Y"内部，X 可以是 Y 的客事、关事，在类型二"（对＋X）＋Y"内部，X 可以是 Y 的客事、关事、与事。在每一类语块内部，充当 X 和 Y 的词语都可以分属不同的意义范畴。

（4）两种类型的"对"字介词语块之间存在联系，可以互相转化。如：我［对他]要求很严格/我(对他)的要求很严格。

(5)两种类型的"对"字介词语块的语法功能多样,能充当不同的句子成分,语用功能丰富,具有话题标记功能和篇章功能。

五、结语

基于汉语教学的需要,为弥补传统研究的不足,我们统计语料,构建了"对"字介词语块模式,这一语块模式不仅涵盖了介词"对"、介词"对"的宾语、"对"字介宾短语的后续成分,也包括了常用的"对"字介词框架。本节只是对现代汉语常用介词语块进行的抽样、个体的研究,对其他常用介词(如"和""跟""把""在"等)语块的研究具有借鉴作用,对于不同介词所构成的语块,要注意分析其在结构、语义、语法、语用等方面的共性和个性,特别要注意一些近义介词所构语块的交叉和区别①。

由于目前学界对语块的界定尚不统一,服务于汉语二语教学的语块研究,要重视语块模式的建构,还要在分析语块内部成分意义特征和关系的基础上归纳语块类型和格式,同时也要注重语块功能(语法功能和语用功能)的研究,把语法、语义、语用三个平面结合起来,做到词不离(语)块、(语)块不离句。在汉语二语教学中,应依据学习者的不同习得阶段,将不同的语块格式展示为具体的教学用例,要考虑语块的常用性和适用性,即使用频率高,大小适中,组合性强,体现汉语特征,便于记忆和运用。

第五节 汉语语块研究的价值

一、理论和本体价值

现代汉语本体研究走过了漫长的历史,学界在继承中国传统语言研究成果的同时,不断学习引进西方先进的语言学理论。就汉语语块的理论研究而言,初期多为介绍国外语块理论并探讨汉语语块的定义、分类、功能等,后来逐步关注汉语语块的加工过程和心理表征,研究范围有待进一步拓展。现代汉语本体研究包罗万象,鉴于汉语语块的研究在中国还处于起步阶段,尚停留在

---

① 例如:"对"和"就"、"跟"在意义和用法上就存在交叉,"对他说这件事"可以说"跟他说这件事","对这件事进行讨论"可以说"就这件事进行讨论"。

宏观研究方面,若将语块理论深入具体运用到现代汉语理论和本体研究中,可以有如下几方面的价值:

1.以语块理论为指导,建立完善的汉语语块分类体系,构建不同层级的汉语语块的基本模式,以语块的视角全面考察现代汉语,深入探析汉语语块的本体特征

根据前文的分析,汉语语块的分类研究目前标准各异,尚不统一,因此首先需要根据已有的研究成果,建立完善的汉语语块分类体系。汉语不同类别的语块具有不同的结构特征,构建语块的基本模式之前需要基于大量的语言事实提取各类典型语块,考察特定类别语块的共同特征,然后将这种特征模式化。例如构建词级语块中的高频搭配语块,就需要先根据语言使用频率找出高频词语和高频搭配,分析高频搭配成分间的关系并将其抽象化,如李慧(2008)以现代汉语 146 个动作动词与 NP 所组成的 644 个语块为研究对象,对这些"V 单＋NP"语块进行了定性和定量的系统研究,探讨了这些语块的结构、语义及形成机制,并总结了基本特征,她的研究对深入认识汉语语块的基本特征、推进动名组合关系的研究很有价值,也可以为汉语作为第二语言的动词语块教学提供素材和帮助。

构建汉语语块模式的最大意义在于打通汉语实词和虚词研究的界限,融汇词汇、语法、语义、语用研究的精髓,以语块为单位来重新审视汉语的组合结构特征,摆脱印欧语的束缚,有助于突破传统的研究范式和思路,探求新视角,得出新结论。例如,我们要构建现代汉语的介词语块,就不仅需要考虑介词、介词的宾语、介宾短语的相关成分,还要分析语块内部成分之间的层次和结构关系,语块整体的句法、语义和语用功能,我们在本章第四节基于语料库考察了介词"对"所构成语块的类型、具体格式,并对语块内部成分的语法属性、语义关系、意义范畴等进行考察,提取介词"对"的语块特征,这一研究是构建汉语语块的一次有益尝试。

2.根据不同类别汉语语块的基本模式,在大型语料库中提取现代汉语语块,根据使用频率筛选出常用典型语块,建立现代汉语常用语块语料库,为汉语语块的深入研究提供支持

语料库语言学在中国的兴起和发展不但标志着中国语言学研究技术手段的进步,而且为自然语言处理、词典编纂、语言学习和语言教学等研究的开展提供了丰富的语料基础。现代汉语语块库在中国目前还处于比较滞后的地位,周强、詹卫东、任海波(2001)根据清华大学 200 万汉字的平衡语料库构建了 200 万字的汉语语块库,这个语块库是以句子成分为标准对语块进行分类

的,分为主语块、述语块、宾语块、兼语块、状语块、补语块、独立语块、语气块8类。如果要构建大规模的现代汉语常用语块库,首先,语块选取的范围要足够大,覆盖率要足够广,能反映现代汉语使用的基本情况,兼顾动态性与平衡性;其次,语块的标注与提取规则要规范、科学、一致,保证提取结果的可靠;最后,语块库要坚持开放性的原则,可以不断修订、补充和更新。2016年,北京语言大学荀恩东教授主持的课题"大数据背景下汉语语块数据库建设与应用研究"获得了国家社科基金重点项目资助,有助于推动汉语语块研究迈上新的台阶。

3.将汉语语块与其他语言语块(特别是英语语块)进行对比研究,从类型学的视角总结特征,丰富语言类型学的研究成果

英汉语言对比研究开展得很早,已经有100多年的历史,虽然社会语言学、文化语言学、认知语言学等语言理论逐渐被运用到英汉对比研究中,但对比的领域仍主要集中在语音、词汇、句法、文字、文化等传统语言学研究的范畴。近年来语言类型学异军突起,它是"对人类语言间的变异及其限度进行研究的语言学科",与"对比语言学对两种或少数几种语言间的异同进行对比研究"不同,但是"两个学科之间又有交集和互补性,语言类型学研究可为对比语言学研究提供研究起点,语言对比研究可为类型学研究提供推定的共性"①。

语块研究最早是以英语为对象来进行的,目前关于语块的基础理论和基本知识也都是基于英语研究得出的。利用语块理论对汉语语块和英语语块进行对比研究,找出二者的共性特征和差异,可以从语块的角度为语言类型学研究提供支持。现有文献中关于汉英语块对比的研究很少,且都是围绕语块的定义、结构、分类、功能等进行的(李玲,2011;冯秀红,2013;薛旭辉,2014;),没有触及两种语言的实质差别。陆俭明(2011)结合英汉形容词修饰名词的差异等三个英汉对比分析实例,说明语言研究(包括语言对比研究)需要不断探索创新,新的语言事实的发现与理论的更新是互为因果的,还特别提出"构式语块分析法"对第二语言学习者理解并掌握汉语个性特征的有效性。他的研究启示我们进行英汉语块对比研究的必要性和紧迫性,只有扩大对比范围,打通词汇和语法的界限,才能站在更高的视角观察两种语言的异同,得出新的结论,而目前这方面的探索还较少见。

席建国(2013)从类型学的视野出发,以标记理论(MT)、联系项原则(RP)、核心相邻原则(HPP)、语序相似性原则(PWOI)、焦点信息突显原则

---

① 尚新.语言类型学视野与语言对比研究[J].外语教学与研究(外国语文双月刊),2013
(1):138.

(IFSP)、可别度领前原则(ILP)为框架,解释英汉介词前-后置的语序动因、介词的前-后置与其优劣势语序之间的相关性,比较上述语序原则对英汉介词的语序制约效果,考察英汉常用介词的语序自由度与其语序分布广度、前-后置倾向性之间的相关性及其规律。他的研究对象虽是英汉介词,但其探讨的语序问题已经涉及介词和前后词语的关系,触及英汉语块对比研究的内容,可以为今后的研究提供借鉴。

4.运用心理语言学的研究方法,考察汉语语块在人脑中的存储、识别、理解、记忆、输出等过程,分析影响语块学习的主要因素,为汉语作为第二语言的语块习得提供依据

语块的心理现实问题需要人脑的参与,但难以直观地进行观察,语块在人脑中的加工过程需要借助于心理学的实验手段。1956年,美国心理学家Miller提出人的短时记忆的容量为"7±2"个单位,这个将若干单位联合成有意义的、较大单位的信息加工的记忆单位就是组块(chunking),Simon(1974)认为词块是人类记忆的基本单位,证明了词块具有心理现实性,易维、鹿士义(2013)也从大量关于阅读加工研究和听觉加工研究的成果入手,证明语块和词一样也是心理词典的一个单位,是整体存储加工的,语块具有心理现实性。汉语语块在人脑中的存储、识别、理解、记忆、输出等过程,除了遵循人脑记忆的基本规律外,还可能与汉语独特的韵律结构有关系,根据冯胜利《论汉语的"韵律词"》中的研究,"汉语以韵律词为基本的使用单位"①,后又说"韵律词是一个最小的语流片段/单位"②。单从定义来看,汉语韵律词和汉语语块就有着相似和相通之处,都是独立运用的语流片段,因此适合于汉语学习者的汉语语块,必定同时具有语块和汉语韵律词的基本特征。长短合适、易于理解和记忆、韵律节奏感强的语块,其心理现实性一定较强,可以作为为学习者筛选语块的基本依据。

二、应用价值

汉语作为第二语言的教学已走过了半个多世纪的历程,作为一个实践性较强的应用学科,其研究成果是汉语本体研究的重要补充。随着语块理论的发展,语块在教学中的应用价值已经被二语教学广泛提及,但大多集中在国外二语教学和国内英语教学领域,关于语块在汉语二语教学中价值的研究较零

---

① 冯胜利.论汉语的"韵律词"[J].中国社会科学,1996(11):175.

② 冯胜利.汉语韵律句法学[M].上海:上海教育出版社,2000:77.

散,不够系统完善。我们认为语块在汉语作为第二语言的教学中有如下几方面的价值:

1.为传统的对外汉语教学理论带来突破和创新,促进教学方法的多样化,提高教学效率

对外汉语教学研究始于20世纪50年代,经历了从总结经验到理论探索的转变,特别是到了20世纪90年代以后,对外汉语教学研究在学科性质、学科理论、课程设置、课堂教学、成绩测试、教学评估、教材编写等各方面的研究都取得了较深入的发展。

理论的探索源于实践中提出的新要求,而后又成为新的实践的指挥棒。目前随着汉语国际教育事业的开展,国内外以汉语作为第二语言的学习需求越来越多样化,给教学理论和教学方法都带来了新的课题和挑战。长期以来,传统对外汉语教学都将词汇、语法点作为单独的内容教授,割裂词汇、句法的关系,"语块"定位模糊不清,处于边缘化的地位。语块是汉字、词汇、语音、语法、语用高度"融合"的产物,是"字词句直通"教学法的中间环节,在汉语二语教学中应将语块的呈现、讲解、操练、运用等融入各个教学环节中,对外汉语教学"教无定法、贵在得法",只有符合语言习得规律的教学才能"得法","得法"的教学必然是高效的。

以语块理论为基础探索对外汉语教学的新思路和新方法,以求汉语教学更符合汉语特征和第二语言习得规律,抓住汉语语块的本质特征,以不变应万变,无疑是一条捷径,且许多研究已经探讨和证明了语块教学法在汉语教学中的有效性。我们只要归纳出汉语常用语块,就可以根据不同的学习需求加以变通,将语块教学灵活运用到不同课型、不同教学环节和不同类型的课堂教学活动中。例如,可以将大量现成的常用汉语语块用于听说训练中,创设真实的交际场景,满足来华短期学习者快速提高听说能力的要求,还可以结合不同国家和地区的文化风俗习惯,对常用汉语语块进行灵活变通,力求满足不同群体学习者的表达需求。总之,不管汉语教学的需求如何变化,汉语语块教学只要抓住汉语语块本质特点和第二语言习得的基本规律,就能灵活应对并提高教学效率。

2.有助于开发出新的汉语教材,使生词、课文、语言点、练习的编排更符合二语习得的特点

教材的开发是对外汉语教学常谈常新的问题,回顾对外汉语教材的编写历史,从最早的结构法教材《汉语教科书》到现如今琳琅满目的教材、读物、音像制品,对外汉语教材经历了从单一的纸质教材到多元的立体化教材的发展

历程。现在的教材在结构、功能和文化等方面的编排虽已较成熟，但在实用性方面表现出的一些问题依然经常困扰着一线教师，诸如词汇选用编排不科学、语法讲解生硬老套、课文语句实用性差、练习和现实交际脱离等等。

要突破以上问题，打开教材开发的新局面，必须紧扣汉语特点和二语习得规律，走出以往教材编写的老框架，寻求新的思路和方法，而语块理论恰恰可以为我们带来启示。从前文关于汉语语块特征的论述可知，汉语语块是汉语交际活动中的直接备用单位，长短合适，便于记忆和提取，在教材编排上如果能抓住语块这一主线，使各个板块在实现其功能的同时凸显语块的地位和价值，不仅能方便一线教师抓住教学重点，也有利于学习者的习得和运用，使教学活动的实效性和针对性得到提升。例如，生词的编排可以打破"词语-拼音-翻译/释义"的呈现方式，可以先列出课文中出现的重点语块，然后将语块中的生词以不同的字体或颜色加以突出，最后对生词进行注音和解释，遵循"从块到词"的认知规律；在课文中，可以对含有生词的语块和一些长句中的重点常用语块加以突出显示，在文后进行必要的归类和扩展，以加强理解和记忆；在练习中，可以设计灵活多样的练习形式，将现有的语音、词汇、语法等练习加以整合，注重语块内部成分的搭配和替换、语块在句中的功能、语块的整体运用等，使学习者能在练习中实现汉语运用能力的提高。

3.有助于以语块为视角发现影响汉语作为第二语言习得的新因素和偏误成因，促进二语习得研究的不断深入

国外学者对语块在语言习得中的作用和价值关注较早，Altmann(1990)认为语块的存储和提取能使学习者在一种反复提取、高频使用和互相影响中加深对已有规则的理解，从而带动起其认知模式对词汇和语法学习的互动引发和整合。Nattinger & De Caricco谈到语块贯穿语言习得的全过程，"语言习得的一个常见模式就是在某个阶段学习者大量使用未经分析的语块"。[①] 在对外汉语教学领域，周健(2007)、钱旭菁(2008)、亓文香(2008)也都阐述了语块在对外汉语教学中的价值和作用，提倡实施语块教学法。影响二语习得的因素很多，语块理论将为汉语作为第二语言习得的研究带来新的视角和新的发现。

以往关于汉语作为第二语言的习得研究，大多都遵从比较传统的思路和模式，在关注习得过程的同时，多切分为具体的语言能力或语言要素来分析，

---

① Nattinger,J.R. & J.S.De Caricco. Lexical Phrases And Language Teaching[M].上海：上海外语教育出版社,2000:24.

在语言能力方面考察听、说、读、写能力的发展,在语言要素方面则分为语音、词汇、语法、汉字等。这种切分看似面面俱到,实际上割裂了汉语习得的整体性,语言习得是一个复杂的过程,各种能力互相配合,各个要素相互协作,正如Sinclair(1991)所说,言语交际是基于"成语原则"(idiom principle)进行的,人们要选择合适的词语搭配或语块来实现意义,可以说交际是习得的出发点和最终归宿。语块理论恰恰能为我们的研究提供新的视角,汉语语块融合了各种语言要素,打通了各种语言能力,以语块的习得来研究汉语的习得,注重习得的整体性和交际的高效性,能带动汉语作为第二语言习得研究的深入发展。

分析偏误是二语习得研究的重要组成部分,以往在分析汉语作为第二语言的偏误成因时,不外乎母语的干扰、目的语规则使用不当或过度泛化,文化因素的影响,学生的学习策略,教师的教学方法,等等,缺乏针对性与可操作性。如果借鉴语块理论,将汉语语块作为偏误分析的对象,系统考察学习者习得汉语语块时出现的偏误,从语块的整体使用角度分析其成因,寻找纠正偏误的方法,不但可以省去分析词汇、语法规则的繁复步骤,还可以引导学习者关注语块习得和使用的整体,突出语块这种汉语习得的基本单位,培养汉语语感,为地道的输出铺平道路。

4.有助于汉语水平测试的不断完善

汉语水平测试是考查汉语非母语者汉语能力的测试,包括 HSK、HSKK、YCT、BCT 等,其中汉语水平考试(HSK)实施时间最长,考试人数也最多,国家汉办孔子学院总部顺应汉语国际推广的大趋势,于 2009 年正式推出新汉语水平考试,其作为国际汉语能力标准化考试,在海内外受到了热烈欢迎。

目前,关于汉语水平测试的研制、实施工作已取得很大进展。几种汉语水平测试题型都是按照语言能力来设计的,以新 HSK(笔试)为例,包括听力、阅读、书写三类题型,同时有独立的口语考试(HSKK)相配套,这一框架涵盖听、说、读、写四项能力,在此框架内,具体题型的设计以选择、判断为主,附加一些组句、填空、排序、写作等,标准化程度较高,测试的信度、效度都有可靠的保障。统观几种汉语水平测试的试题设计,从大的类型看都是按照语言能力(听、说、读、写)来划分的,不免会割裂语言要素之间的联系,使学习者产生困惑:如何处理词汇和语法的关系? 如何快速浏览选择题的各个选项? 如何抓住判断题的重点信息? 组句的关键步骤是什么? 排序题中各句之间的逻辑关系如何判断? 要解决以上这些问题,有经验的汉语教师固然可以答疑解惑,但抓住汉语的特征才是根本和关键。

汉语是意合型语言,汉语水平测试若能在既有测试框架的基础上,抓住汉语的特征，将语块理论运用于试题的设计中，使具体题目的设计尽量打通词汇和语法，以考查语块的综合运用能力为目标，重点突出常用语块的语义、语法和语用功能，以此为导向引导汉语教师和学习者在教学过程中注重语块的整体习得，将会使汉语教学和汉语水平测试更加紧密结合，推动国际汉语教育事业的发展。

三、小结

汉语语块研究是近年来语言学领域的一个新课题，它既扎根于中国深厚的语言学传统，又有西方语块理论的新观点和新方法，在中西的交融和碰撞中，需从共性和个性两方面着眼，全盘的"拿来主义"要不得，故步自封也行不通，既要借鉴西方语块研究的理论方法，也要关注汉语语块的本体特征，其中抓住汉语语块的特征是开展研究的关键。汉语语块在结构、语义、功能、使用上既体现出语块的共性特征，又与汉语的意合特征融为一体，是存储、理解、记忆、表达汉语的直接构件。在汉语理论、本体研究和应用研究中，抓住了汉语语块的特征，就是抓住了汉语的精髓，其价值不仅体现在拓宽汉语理论和本体研究的广度和深度上，还对汉语国际教育事业的发展大有助益。在世界多元文化交流频繁、知识信息日新月异的大环境中，保持汉语和中国文化的特质及纯洁性是教育担负的重要使命，汉语语块的研究可助一臂之力。

第三章　教学篇

第一节　汉语语块教学的原则、方法和重点

一、选择语块教学法进行汉语二语教学的原因

语块教学法,顾名思义就是以语块作为教学重点和主线来进行教学的方法。语块,是介于词语和句子之间的语用单位,结构完整意义凝固,可以不经语法分析而直接记忆和运用。汉语作为第二语言的教学,选择语块作为教学的抓手,是由汉语的字词构造特征决定的。

语言是语音和语义的结合体,是一套静态的符号系统,言语是人们在日常生活中对语言的运用,体现为具体的词语、句子等。就汉语而言,语言的基本单位和言语的运用单位是什么呢? 李如龙先生在《略论汉语的字辞构造特征》中,从中国古人称说自己语言的习惯用法谈起,指出汉语的"字"不像拼音文字那样"一字一音",而是一个"形音义"三结合的立体结构,因此"字"是汉语的基本语言单位,那么言语的运用单位是什么呢? 是"辞"。中国古人十分注意言语的表达,将"辞"分为"言辞"和"文辞","发于言则为言辞,发于文则为文辞"(《文文山全集》卷十一)。由此可见,在汉语里,"字"和"辞"成功地担负起语言基本单位和言语运用单位的职责,与现代语言学十分契合,反映了我国古典语言学的研究高度和成就。

人们在运用汉语的过程中,是如何实现由"字"到"辞"的转化呢? "辞"在交际中有哪些具体的表现形式? "字"和"辞"的关系如何? 李如龙做了如下的精辟论述[①]:

---

① 李如龙.略论汉语的字辞构造特征[C]//国际汉语学报(第 5 卷第 2 辑),上海:学林出版社,2015:25.

汉语的"辞"是语言表达和交际的概念，它是运用"字"的组合使言语交际得以"达意"的创造。适应交际需要的"辞"的基本单位是"句"，短的可以只是一个字或几个字词串起来的"语"，长的可以是一席话（言辞）、一篇文章（文辞）。"辞"由字组合叠加而成，正是经过交际中"辞"的运用实践，提炼了"字"的组合和叠加规则并运用于构词，"融句法于词语"，这是语法和词汇的互动。就"字"和"辞"的关系说，"字"是静态的"内"，是形音义的整合和内在的互动，"辞"是动态的"外"，是语音、语义、语法、语用的综合运用。"字"和"辞"之间的这种动静结合、内外互动的构造特征，形成了汉语的语言结构和言语表达的基本特征。

根据以上论述，在"辞"众多的表现形式（字、语、句、话、文章）中，选择哪一个作为汉语二语教学的基本单位，直接关系到教学的效果和成败。我们不妨先回顾一下中国早期的母语教材和国外早期汉语课本的成功做法。

中国古代，流传最广、影响最大的蒙学读物是《三字经》《百家姓》《千字文》，合称"三百千"。《三字经》包含封建礼教的基本纲领、生活常识的介绍、历史发展的梳理等，内容丰富，三字一句，押韵成文，便于朗读和记诵。《百家姓》收录姓氏 500 多个，编者将每四个字组为四言韵语，各句押韵，读起来和谐流畅。《千字文》包含了天文、博物、历史、人伦、教育、生活等各个方面，将 1000 个不同的字编织成四字一句、对偶押韵的形式，便于儿童记诵。自从"三百千"产生以后，它们形成一个体系，取代了以往所有的识字教材，而且具有极大的稳定性，使用数朝数代，甚至流传到国外，其成功原因在于内容丰富，而且使用了朗朗上口的韵文。

朝鲜早期的汉语课本，都是以真实的口语会话作为编写的材料。《老乞大》和《朴通事》是元末明初在朝鲜流行的汉语教科书，《老乞大》采用对话的形式，记述了几个高丽商人到中国经商，途中遇到一中国商人后结伴同行的经历，以及到大都（北京）等地从事交易活动的全过程，情节连贯，内容广泛，涉及旅行、交易、契约、宴饮等各个方面。《朴通事》用对话或一人叙述的方式，介绍中国社会生活的各个方面，涉及宴会、买卖、农业、手工业、词讼、宗教、游艺、景物等多项内容。

在日本，江户时代（大致相当于明朝年间）唐通事①的汉语教学"在日本汉

---

① 1604 年，日本德川幕府设长崎为通商口岸，任命寓居日本多年的中国人为"长崎通事"（通事即翻译的意思），这些唐通事了解"唐船"使用的南京、宁波、广州、厦门、台湾、福州、泉州等地的方言，参与处理贸易有关的大小事务，待遇非常优厚。见刘海燕.日本汉语教学历史研究[M].北京：中国传媒大学出版社，2017：103.

语教学史上留下了浓墨重彩的一笔，……它的汉语观和汉语教材的处理方法对于《千字文》以来的传统既是继承也是发展"①。刘海燕专门研究了日本汉语教学的历史，对1716年出版的《唐话纂要》六卷本进行了详细分析，认为其抓住了"字话"这个语言单位，体现了汉语"由字到辞"的特点。②

卷一是二字话与三字话，如：高兴、好吃、天气、享福、快乐、不想去、有才华、善诗文、雨来了等。

卷二是四字话，如许久不见、今日何往等。

卷三是五字话、六字话和常言，如：今日天色好、今朝天气不好、欲要生富贵须下死工夫等。

卷四是长短句(也叫长短话)，如：今天下太平，四海无事，上悯下劳，下沐上恩，欢声四起，朝野俱乐，而重值尧舜之时也，恭喜恭喜！

以上中国古代蒙学教材和朝鲜、日本早期的汉语教材，无一不把言语训练作为教学的根本和首要任务，选择大量真实的言语材料，编写成长短合适、对仗工整或结构整齐的"辞"，展示汉语由"字"到"辞"的构造特征，是其能够成功的关键。

上面教材中所呈现的"辞"，即大小不一、可长可短的结构，在教学中作为一个整体呈现，与我们所说的"语块"是一致的，按照语块的类别可以分别归入固定语块、半固定语块、自由语块。

语言教学就是通过教授现成常用的言语材料，让学习者模仿并最终学会自由表达。李如龙(2014)提出面向教学的汉语特征研究应该求精、求简、求实，并对"精""简""实"做了详细说明："精"就是突出主要差异，集中分析难教难学的要点。"简"就是化繁为简，扼要明白，若强调全面、系统，说得深入细致，势必使学习者感到无从下手，望而生畏。所谓"实"就是讲求实用，方法具体，易学易记，若只致力于理论说解，推敲概念，势必又成了阳春白雪，只能束之高阁了。

在汉语作为第二语言的教学实践中，汉语学习者遇到大量的语音、词汇、语法的难点，都与汉语特征相关。在语音方面，汉语是世界上为数不多的有声调的语言之一，语句中还有大量的连读和变调；在词汇方面，同义词、近义词、反义词、同素词比比皆是，词义错综复杂且互相关联，大量的口语词和书面语词并行数千年且使用灵活；在语法方面，汉语构句重义而不重形，虚词位置灵

① 刘海燕.日本汉语教学历史研究[M].北京：中国传媒大学出版社，2017：107.

② 刘海燕.日本汉语教学历史研究[M].北京：中国传媒大学出版社，2017：108.

活意义虚化,句法结构丰富多样。而现行的众多教学法,看似花样繁多,实则与"精""简""实"的要求相违背,如大量的口语训练脱离具体的语句和情境,课堂讲授和操练割裂词汇和语法的关系,课后练习不同题型往往侧重单一语言要素的训练,综合性练习比例小。

"语块"大小适中,是汉语由"字"到"辞"的言语单位,融语音、语法、语义、语用于一体,体现了汉语组词造句的基本规律,在汉语作为第二语言的教学中,抓住汉语"语块"进行教学,不仅符合古今中外汉语教学的成功经验,也符合汉语的字辞结构特征,对教学可以起到事半功倍的效果。下面,我们就具体探讨语块教学法的教学原则、方法和重点。

二、语块教学的原则

1.以语块为教学单位和主线

以语块为教学单位和主线,是语块教学法的首要原则,是语块教学法区别于其他教学法的根本。在教学实施的各个环节,教师要始终以语块作为教学的基本单位,把构建语块、呈现语块、理解语块、归纳语块、练习语块、运用语块等作为教学的主线,这样做并不是打乱课堂教学的节奏,废除传统的生词讲解、语法操练、课文讲练、练习等环节,而是在这些环节中,以语块教学替代传统的做法,在语块教学中完成讲解生词、习得和操练语法点、理解课文、练习和巩固提升的任务。

2.以言语训练为根本

李如龙先生指出汉语的教学必须严守"言语训练"的根本,他指出"语言教育的目标是培养学习者的言语能力,言语是综合的、感性的;语言是分析的、理性的,言语训练应该从言语入手,以具备言语能力为目标,通过广泛地接触言语作品,在反复的言语交际实践中去体会言语活动的规律,才能提高效率"[①]。言语是语言在社会生活中的使用成果,理应作为语言教学的材料。根据前文我们对汉语字辞构造特征的论述,语块体现了汉语由"字"到"辞"的构造特征,是言语的一种表现形式,因此在语块教学法的实施过程中,要坚持"言语训练"这一根本,将语块放在具体的言语环境中,从言语使用的角度去构建、呈现、讲解和练习语块,也要引导学生在具体的语境中去理解和使用语块。

3.区分口语和书面语

有文字的语言就有口语和书面语之分,口语和书面语的交际功能、交际场

---

① 李如龙.辞和辞的研究[C]//国际汉语学报(第3卷第2辑).上海:学林出版社,2013:6.

景和交际手段都存在差别。汉语的口语和书面语之间的差别更大,"最重要的原因,在于汉语采用了表意的文字,书面语和口语分道扬镳已经有两千年的历史,经过了长期的加工提炼,形成了各自的词汇、语法和表达系统"①。就语块教学来说,口语语块和书面语语块不但自身的结构特征不同,在语体风格上也存在差异,口语语块结构灵活、创新多、生动活泼(如"累死了、出口气、费了半天劲、说走就走、吃不了兜着走"),书面语语块结构规范整齐、简洁精炼、用词典雅、常有言外之意(如"综上所述、废寝忘食、发扬光大、斤斤计较、事出有因、言听计从、狼狈为奸"),介于口语语块和书面语语块之间的,还有众多的口书通用语块(如"基本原则、冬去春来、加班加点、珍惜时间、友谊万岁")也需要教学中加以关注。

4.规范输入和自由产出的平衡

语块教学的过程是逐步培养汉语第二语言学习者的语块意识和提高汉语语感的过程,对于缺少汉语语感的学习者来说,规范的语块输入必不可少,教师在构建语块和呈现语块时,要选择汉语言语交际活动中使用频率高、长短适中、韵律整齐的语块,来呈现汉语特有的字辞构造特征,使学习者初步建立汉语语感。同时,言语交际活动是个体对语言材料的加工和再创造过程,自由产出是最终目的。在语块教学的操练和运用阶段,要尽量鼓励学生自主加工和再创造,特别是对于一些半固定语块(如"从……来看、因……而……、又……又……、非……不可、对……感兴趣、引起……的好奇心"等),可引导其填充结构的多样化。在语块的复习巩固阶段,要就学生对语块的记忆、理解和运用结果进行规范整理,强化不同类别语块的使用特征,为以后的学习和运用做好铺垫。因此,语块教学法要维持规范输入和自由产出之间的平衡,教学的过程是一个不断"建立规范-打破规范-重新规范"的过程,是一个动态的平衡过程。

5.常用先教,常用多练

"常用先学"是汉语作为第二语言教学的一个基本原则,区分常用和非常用,应该作为一个基本的方法论,贯穿于二语教学的各个环节。在实施语块教学的过程中要坚持"常用先教、常用多练"的原则,在构建语块时,要选择常用词组成的常用语块,避免词语常用但组合不常用的现象,如"美好、记忆、奇怪、现象"四个词语均为常用词,"美好的记忆""奇怪的现象""美好的现象""奇怪的记忆"在 BCC 语料库中出现的频次分别为 602 次、381 次、1 次、4 次,因此我们只选用"美好的记忆"和"奇怪的现象"用于教学。在练习语块时,同样要

---

① 李如龙.汉语特征研究[M].厦门:厦门大学出版社,2018:236.

创设常用语块的典型语境，与现实交际接轨。例如，"美好的记忆"使用的典型语境是"回忆往事，表达感谢、祝福、遗憾、珍惜、留恋、希望"等，在练习中可以设置看电影、旅行、翻阅照片、生日会等场景，激活学习者的生活经验，达到多练活用的目的。

三、语块教学的方法

1.朗读和背诵

朗读是语块教学中进行规范输入的基本方法，不论是综合课、听力课、口语课还是阅读课，教师都可以在很多教学环节运用此方法，简单而有效。比如：在教学导入环节先给出几个关键语块并带领学生朗读，既可以建立语感，增加学生对授课内容的了解和兴趣，还可以为后续的有效讨论打下基础；在练习环节开始前，朗读课文中学到的重点语块，可以增强知识复现并为练习做好准备；在练习后朗读学到的重点语块，可以加强记忆，巩固所学知识，并为课后有效输出准备材料。同时，朗读还可以用于综合课或阅读课的句段、篇章教学中，先请学生朗读某个句子或某段话，再从相关句段中寻找出重点语块，进而理解这些语块在句中的意义和用法。朗读的方法有很多，可以教师领读、学生齐读、分组朗读等，在朗读的过程中，感受语块的结构和韵律，培养对语块的整体感知、记忆和理解。

背诵在目前的汉语二语教学中要求不多，主要是因为所学材料韵律不强。在语块教学过程中，若能总结归纳出一些重点实用、朗朗上口的语块，则可以分阶段要求学习者背诵，以便在交际中拿来就用、脱口而出。

2.讨论

在语块教学法中，常以讨论来代替传统的讲解，是语块理解、记忆、复习的主要方法，这一方法在课堂中随处可见，充分体现了二语教学以学生为中心的原则。例如：在导入环节，通过讨论题目的意思或几个先导问题来引出关键语块；在词语讲解环节，以语块意义的整体讨论代替词语的解释，进而分析语块中的词语结构和可替换性；在课文讲解环节，通过重点语块的讨论理解关键语句；在练习环节，通过讨论题目中的关键语块，理解题目的内容和要求；在复习环节，通过讨论查漏补缺和强化记忆。讨论不但可以拉近师生、生生之间的距离，创造活跃的课堂氛围，而且可以在思维的碰撞中增加对语块的整体认知。

3.标注和归纳

标注和归纳是在课堂教学中构建语块的主要方法，适用于所有的课型，也是最能体现语块教学法特色的方法之一。

标注包括生词的标注、课文中的语块标注、练习题目中的语块标注等,就是请学生将生词、语块用特殊的标记(如下画线)在课文或练习中标注出来。在课文中标注生词,可以引起学生注意,并关注生词前后的搭配;在课文中标注语块,可以凸显文章的主要内容和重点难点;在练习中标注语块,可以帮助学生快速锁定重要信息。值得注意的是,在课文和练习中标注语块会存在一定的个体偏差,需要教师引导学生关注重点词语的前后搭配,找到最实用的语块。

归纳包括根据不同类别归纳语块、根据语言点中的例句归纳语块、将问题的答案归纳整理为语块等。按照类别归纳语块一般出现在生词讲解环节,可以按照生词的语法类别、语块的结构类别、语块的意义关联等进行分类归纳,使语块之间建立关联,便于记忆。在语言点讲解环节,一般要根据例句提取和归纳出语块的格式,在归纳的过程中体会语块格式的意义和结构,以及使用的典型语境。在课文讲解环节,一般先通过问答的形式理清文章的主要内容,再引导学生从问题的答案中归纳出重点语块,通过语块串联起文章的大意。

4.模仿

模仿是语言学习的基本手段之一,也是语块教学法常用的方法。在语块教学法的实施过程中,学习者从理解记忆语块到运用语块,均离不开模仿,具体可以表现为语音模仿、结构模仿、话语模仿等。在朗读语块的练习中,学习者通过模仿教师的读音,掌握语块中每个词语的语音及词语间的连读变调;在按照给定的语块格式进行词语搭配或语块扩展的练习中,学习者通过模仿语块的结构,替换其中的成分,创造出新的语块;在语言点操练的过程中,学习者通过模仿语块格式的具体用例,对语块格式进行填充,形成新的句子或对话;在复述练习中,学习者在回忆文章大意的基础上,通过重点语块的提示对文章内容进行重新叙述,也是一个模仿和再创造的过程。

5.自由表达

自由表达是语言学习的最高要求和最终目的,在语块教学法中,使用语块进行自由表达一般安排在教学最后一环,包括口语表达和自主写作两大类。口语表达在综合课、听力课、口语课、阅读课中都很常见,可以请学生就课文中的某一现象或话题发表看法、就某种不同意见进行辩论、模拟真实生活场景进行对话或角色扮演、讨论并分享听力和阅读活动中的技巧等,教师要鼓励学生在口语表达的同时,关注本课总结出的重点语块,尽量多使用新学的语块,并适当纠错。自主写作一般出现在综合课中,请学生就课文的相关话题进行写作练习,可以给出一些参考的语块格式。教师可以让学生在写作之后画出自己使用的语块，并进行适当的纠错和讲评，鼓励学习者多使用语块进行书面语的写作。

四、语块教学的重点

在以汉语作为第二语言的语块教学中，应该重点注意哪些类型？我们必须结合语块在汉语母语中的使用情况、在中介语语料中的使用情况及偏误情况，进行综合考量。

综合第二章表 2-1、表 2-2 和表 2-3，我们将不同类型汉语语块在母语语料中的使用比例、在中介语语料中的使用比例和偏误率三种数值相加，见表 3-1。

表 3-1　不同类型汉语语块的教学重要性数值

语块类型	母语中的使用比例(a)	中介语中的使用比例(b)	中介语中的偏误率(c)	a+b+c
句式框架	0.119	0.133	0.345	0.597
短语框架	0.203	0.220	0.310	0.733
常用搭配	0.288	0.212	0.172	0.672
成语、惯用语、固定短语	0.102	0.216	0.138	0.456
受限组合	0.157	0.086	0.034	0.277
专有名称	0.021	0.039	0	0.060
插入语、独立语	0.034	0.090	0	0.124
离合短语	0.038	0.004	0	0.042
惯用语或俗语的变体	0.038	0	0	0.038

由表 3-1 中 a、b、c 三类数值之和可知，在以汉语作为第二语言的教学中，各类语块的重要程度依次是：短语框架—常用搭配—句式框架—成语、惯用语、固定短语—受限组合—插入语、独立语—专有名称—离合短语—惯用语或俗语的变体，其中"短语框架"、"常用搭配"、"句式框架"、"成语、惯用语、固定短语"的重要性远远高于其他语块，在日常汉语教学中应该将这四类语块作为教学重点。

这四类语块在中介语语料中的偏误情况主要有如下几种[1]：

1.短语框架缺少框架前部成分。如：

---

[1]　如无特别说明，本节例句均来自"HSK 动态作文语料库"，为了重点说明语块的偏误，我们对句中其他的偏误做了必要的修改。

（1）＊宗教方面<u>说</u>，人死的问题不是个人决定的。

（2）＊孩子成长的过程<u>中</u>，遇到什么困难时真正为孩子着想的也是父母。

例句（1）缺少"从"，（2）缺少"在"，分别构成短语框架"从……方面说"和"在……中"，出现这类偏误主要是由于对介词短语框架掌握不牢。

2.常用搭配错用部分词语。如：

（3）＊我父亲是个好父亲，从来没有给我们<u>加上压力</u>。

（4）＊我拉着她的手<u>参加了社会</u>，拉着她的手开始了解社会。

（5）＊她为了保持家庭<u>温和的环境</u>，总不让人家看到或者感觉到她个人的烦恼。

例句（3）应改为"施加压力"，（4）应改为"踏入了社会"，（5）应改为"温馨的环境"，均为常用搭配中部分词语的错用，主要是由对常用搭配不够熟悉造成的。

3.句式框架混用或缺少成分。如：

（6）＊对我影响最大的人<u>不是</u>历史上的重要人物，也<u>不是</u>伟大的科学家，<u>就是</u>我母亲。

（7）＊我认为，化肥和农药是绝不能用的，<u>不管</u>遇到什么样的情况，用它们是污染地球的。

（8）＊这个<u>以外</u>，滥用安乐死的人应该受到法律的制裁。

例句（6）应把"就是"改为"而是"，混淆了"不是……而是……"与"不是……就是……"两个句式框架；例句（7）缺少"都"，应改为"……不管遇到什么样的情况，用它们都是污染地球的"；例句（8）缺少"除了"，应改为"除了这个以外，……"。这些偏误均是由对句式框架掌握不牢造成的。

4.成语或固定短语错用。如：

（9）＊我就<u>全心全力</u>响应校长们的号召，二十几年来，没有离开过这一所培育我的母校和一直在旁呵护我最深的蔡校长。

例句（9）应把"全心全力"改为"全心全意"，属于成语的错用。

5.惯用语使用不当。如：

（10）* 人们常说："父母是什么样，孩子是什么样。看孩子就知道父母的水平。"

例句（10）应把"父母是什么样，孩子是什么样"改为"有其父必有其子"，是惯用语的使用不当。

根据以上偏误分析，在教学中应该注意以下几点：

1.加强短语框架和句式框架的呈现、讲解、操练和运用。据表 3-1 统计，短语框架和句式框架的偏误占语块总偏误的 65.5%，可见第二语言学习者对这两种语块的掌握存在较多问题。在目前的教材中，一部分短语框架和句式框架作为语言点直接呈现出来，但还有很多散落在课文、练习中，突出不够。因此，教师需要在教学中加强短语框架、句式框架的提取、总结，并适时呈现给学习者，同时提示学习者注意框架中固定成分的搭配和相似框架的比较，如"从……来看"和"在……看来"，"如果……就……"和"既然……就……"，帮助他们不断加深记忆，减少使用偏误。

2.将常用搭配的讲解和训练贯穿在所有教学环节中。从表 3-1 可知，常用搭配在母语和中介语中的使用比例均超过 20%，汉语学习者的使用偏误率为 17.2%，可见常用搭配是汉语语块中很重要的一类。以往关于常用搭配的教学主要是在讲解生词的环节中进行，选择哪些搭配来讲也主要依靠教师的个人经验和教学习惯，同时教材对常用搭配的关注也不够，练习中大多是针对词语和语法点而设计的题型，偶尔可见的"词语搭配连线"题也较机械生硬，缺乏具体的语境，不能引起学习者的注意。为了突出常用搭配这类语块对汉语学习的重要性，教师应该在教学的各个环节加强提示和训练，除了在讲解生词环节集中展示外，还可以在课文讲解中凸显常用搭配，设计问题让学习者理解回答，在练习环节设计针对常用搭配语块的说话、写作训练等。

3.重视常用成语、惯用语和固定短语的整体教学。成语、惯用语、固定短语在汉语中的使用比例虽然不及短语框架、句式框架、常用搭配多，但因为其固定的形式和完整的意义，同时具有一定的文化内涵，因此需要花费更多的时间精力进行整体记忆，这类语块在中介语中的偏误率达到 13.8%，仍是汉语学习者的难点。这类语块需要在教学中进行整体的学习，并不断强化，教师不但要讲清楚这类语块的意义，避免学习者由字面意义推导整体义而引起曲解，同时还应给出完整恰当的语境来展示这类语块的用法，当遇到历史来源久远和文化内涵丰富的成语、惯用语、固定短语时，还要提示学习者注意其特有的历史文化内涵，以免引起跨文化交际的问题。

以上教学原则、教学方法、教学重点是一个总体介绍,在接下类各节关于综合课、听力课、口语课、阅读课的教学实践中,这些原则和方法会灵活运用于具体的教学环节和步骤中。

第二节　综合课语块教学法实践

综合课是汉语二语教学的主干课程,以全面提高汉语学习者的听、说、读、写综合汉语交际能力为宗旨。综合课教学课时量大,任务重,教师需要兼顾多种语言知识和语言技能的培养。本节按照《发展汉语》中级综合(Ⅰ)的编排结构,结合教材探讨语块教学法在每一模块中的具体运用,并对语块教学法的操作重点进行解释说明。

一、教学步骤

(一)题解和导入

题解和导入是教学活动开始,有效的导入可以充分调动学习者的兴趣,激活背景知识,为后续学习打下基础。在传统课堂教学中,题解和导入一般通过几个问题来实现。例如,《北京的四季》(第1课)可设计如下问题:

(1)你去过北京吗?是什么时间去的?天气怎么样?看到了什么?

(2)"四季"是什么意思?每个季节有什么不同的特点(天气、食物、人们的活动)?

(3)你的家乡有几个季节?请介绍一下。

运用语块教学法,可以围绕"北京的四季"构建出如下一些语块,并进行适当解释和讨论,以语块学习代替传统的问答讨论:

中国的首都;北方和南方;一年四季;春夏秋冬;四季分明;家乡的季节;

"中国的首都""北方和南方"与"北京"有关,可以解释并讨论北京的地理位置、气候特点、中国南北方的划分,南北方气候的异同等。"一年四季""春夏秋冬""四季分明"与"四季"知识有关,可以解释并讨论四季的更替、不同季节人们的活动等。"家乡的季节"把"四季"与"家乡"关联起来,启发学习者联系自身情况进行思考,并唤起他们心中对家乡的热爱之情。

(二)生词

生词学习是教学的重要组成部分,也是理解课文的基础。系统完整的生词教学可以扩大词汇量,为课文学习扫清障碍。

在生词学习阶段,首先将生词分为两类,一类是生词之间可自由组合成语块的,一类是需要生词外其他词语搭配组成语块的。例如,《我和父亲的战争》(第3课)共有45个生词,可以根据以上标准分出两类。

第一类(24个):

战争、态度、坚决、答应、宣布、胜利、职业中学、砰、巨响、战斗、失败、摆脱、控制、志愿、报、坚强、自立、一帆风顺、故意、批评、依然、持续、进行、道歉;

第二类(21个):

取、抬头、沉默、居然、吵、理由、做主、角落、保险、失恋、培养、心疼、重新、适合、语气、明显、仍旧、悄悄、笑容、停止、某。

接着,对上述两类词语进行语块的构建。

第一类:

战争胜利、坚决的态度/态度很坚决、坚决不答应、宣布胜利、职业中学、砰的一声巨响、战斗失败、摆脱父母的控制、报志愿、坚强自立、一帆风顺、故意批评我、依然持续着、进行战争、道了一次歉;

第二类:

取名字、不敢抬头、一分钟的沉默、居然不去上学、吵了一架、我的理由、自己做主、一个角落、最保险、失恋的女孩、培养孩子、心疼子女、重新开始、适合你的人、温柔的语气、明显老了、仍旧像从前一样、悄悄看了他一眼、挂着笑容、停止战争、某个夜晚。

最后,结合语块对上述两类生词进行讲解,要特别注意语块的整体性。先整体解释语块的意思,并对其常见用法进行举例说明,然后对语块中的生词进

行必要的解释,使学习者体会语块内部词语之间的组合关系,最后可进行必要的操练。例如:

"摆脱父母的控制"可解释为"不想再被父母管,想离开父母,自己的事情自己决定",如:

A:我要到外地上大学,想摆脱父母的控制。

B:摆脱父母的控制可不容易,我在外地上大学的时候,妈妈每周都给我打电话呢!

紧接着将语块简化为"摆脱……的控制",分析动词"摆脱"和"控制"的意思和组合关系,指出中间可填充"人"或"单位/机构"的词语,最后进行一些操练。可进行如下提问:

(1)你现在最想摆脱谁的控制?
(2)如果你想换一个工作,你不喜欢现在的老板,你可以对朋友怎么说?

(三)课文

课文是课堂教学的核心,是听说读写技能的综合运用,生词、语言点、练习都是围绕课文设计的。在传统教学法中,课文教学的一般步骤是听、读、回答问题、长句难句讲解、重点词语解释或辨析、复述、表达等几个环节。运用语块教学法,将语块作为线索贯穿于课文学习的各个环节,可以设计出如下几个教学步骤,我们仍以《我和父亲的"战争"》第1~2段为例加以说明。教材原文排版如下,左侧是课文,右侧是问题。

我5岁,他29岁。有一天我哭着跑回家,边擦眼泪边对他说:"我要改名字,我的名字不好听,而且班上有个小朋友的名字跟我的一样,我讨厌!" "名字是你爷爷取的,怎么能说改就改?不行!"他的态度很坚决。于是,我开始哭闹,可是他根本就不理我。我下定决心:他不答应,我就不吃饭,直到他答应为止。果然,第三天,他只好宣布同意给我改名。我胜利了,心里高兴得要命。	1."我"和父亲的第一次"战争"发生在什么时候?原因是什么? 2.开始时父亲是怎么回答的? 3."我"哭闹时,父亲是什么态度?"我"决定怎么做? 4.第一次"战争"的结果是什么?

1.听力理解

将课文右侧的问题呈现在黑板或者课件上，播放课文录音。录音结束后，请学生回答问题。此环节要在引导学生正确回答问题的基础上，将问题的答案以语块的形式巧妙呈现出来。课文右侧几个问题的答案可以归纳为如下几个语块：

……的时候；改名字；

是……的；说改就改；态度很坚决；

根本不理我；下定决心；

战争胜利；高兴得要命。

2.语块标注与讲解

在"听力理解"已归纳出的语块基础上，补充课文中的其他语块，按照文中出现的顺序完整呈现给学生，请学生以统一的符号在文中标注出来。上面课文中的语块可以呈现如下：

边……边……；对……说；改名字；跟……一样；是……的；说改就改；态度很坚决；根本不理我；下定决心；直到……为止；高兴得要命。

在讲解以上语块时，首先进行分类。

第一类是短语框架语块，包括：边……边……、对……说、跟……一样、是……的、说……就……（说改就改）、直到……为止；

第二类是离合语块，包括：下……决心（下定决心）；

第三类是自由搭配语块，包括：改名字、态度很坚决、根本不理我、高兴得要命。

接着对语块进行分类讲解，短语框架语块应先强调固定部分的形式特征和整体意义，然后对填充部分灵活多样的用例进行举例说明；离合语块先强调其"合"的形式（"下决心"），分析其中的组合关系，然后对"离"的形式（"下…决心"）举例说明；自由搭配语块要先对整体意义进行说明，然后分析各部分的意义及其组合关系，同时对各自的替换情况进行举例说明，如"改名字"可以替换为"改日期/起名字"，"态度很坚决"可以替换为"态度很犹豫/语气很坚决"，"根本不理我"可以替换为"根本不答应/从来不理我"，"高兴得要命"可以替换为"高兴得跳起来/生气得要命"。

3.课文内容梳理和疑难点解释

以"语块标注与讲解"环节归纳和标注出的语块为依据,对课文内容进行梳理,同时对学生的疑难点进行解释。比如:

(1)为什么她的名字是爷爷取的?

(2)为什么她不喜欢别人的名字跟自己的一样? 你呢?

针对这两个问题,教师可以对中国人取名的文化习俗以及长幼尊卑的文化观念进行解释,增进学习者对中国姓名文化的理解。

4.复述和表达

以"语块标注与讲解"环节归纳的语块为依据,请学生尽量使用已经学过的语块,用自己的语言简单复述故事的内容大意。然后,请学生以"我对取名和改名的看法"进行表达,讨论分享不同文化背景中的姓名文化。

(四)语言点

语言点讲解和操练一般紧跟在课文讲解之后,或者随文进行,是对课文中出现的重要语法点的详细解释和操练。在传统教学法中,语言点的讲解可以采用"归纳法"或"演绎法",注重语言点的结构、意义和使用规则。汉语作为第二语言教学的语言点大致可以分为虚词(如"把""明明""倒")、短语(如"动不动""比得上/过/了""以至于")和句式结构(如"非……不可""不知道……多少/多么……""就算……,也……")三大类,均可借鉴语块教学法来教学,具体步骤如下:

1.举例讨论

首先,列举语言点的常见例句,应做到与学习者的习得阶段相适应,语境信息丰富,例句常见度高。如"明明"(第10课)可设计如下例句:

(1)她的书包明明放在教室里,怎么/为什么突然不见了呢?

(2)她明明把手机放在桌子上了,却突然找不到了。

(3)A:经理为什么那么生气?

B:小李明明知道客户要来,却没有做好准备。

A:哦,为什么没做好准备呢?

B:他说自己记错时间了。

A:昨天下班的时候,经理明明提醒过他,怎么能记错呢? 太不应该了。

先带领学生朗读以上例句,再组织课堂讨论,引导学生关注"明明"使用的上下文语境。

2.归纳语块格式

对于虚词类的语言点,要从例句中含有虚词的相似结构进行归纳,如上文的"明明",可以归纳出"明明……,怎么/为什么……呢?"和"明明……,却……"两种语块格式,将虚词的用法具体化为语块,帮助学习者理解并记忆。

对于短语类的语言点,要结合例句再次进行审视,明确短语在使用中前后有无增减词语,再归纳为语块。如"动不动"在教材中(第 11 课)的例句如下:

(1)她最近情绪很不好,动不动就哭。

(2)你别动不动就生气,也听听别人的话,看看有没有道理。

(3)公司动不动就开会,都影响我们的正常工作了。

三个例句均为"动不动"与"就"的搭配,表示经常发生不希望发生的事情。因此,将语块归纳为"动不动就"更接近汉语的使用习惯,也能帮助学习者培养语感。

对于句式结构类语言点,因其本身就是句式框架类语块,因此无须再加工,只需在举例之后再次归纳提取出来,强化记忆即可。

3.操练

在归纳语块格式之后,教师需设计丰富的语言情景,帮助学生操练语块,提高运用能力。还以"明明"为例,可以就"明明……,怎么/为什么……呢?""明明……,却……"设计出模仿造句、病句诊断、情景对话、角色扮演等操练活动。如:

妻子下班回家,发现丈夫早已到家了,但是冰箱里却什么东西也没有,冰箱外面仍贴着自己写的那张字条:亲爱的老公,如果你今天下班早,去超市买点菜吧。

根据上面的提示,请选用下列语块设计一段夫妻之间的对话:

写留言条;打电话;逛超市;一起去;玩手机;叫外卖;锻炼身体;

明明……,怎么/为什么……呢? 明明……,却……

(五)练习

练习从题型上可以分为客观性练习和主观性练习,客观性练习主要考查学习者对知识的记忆和理解,主观性练习主要侧重运用,教材编排一般客观性练习在前,主观性练习在后。练习还可以按使用场合分为课堂练习和课后练习两大类,但是目前大部分教材未做区分,需要教师自行取舍。从语块教学法的角度来考虑,练习模块需要复习巩固前面几个阶段的语块学习成果,并强化运用,可以参照如下几个步骤:

1.对教材练习进行分类

考察教材课后的所有练习题,将与语块相关的练习题目标出来,并进行分类。

第一类是显性语块练习,如《发展汉语》中级综合(Ⅰ)中的"根据语境和提示,完成句子""根据语境和提示,完成对话"这两个题型,一般都是语言点的运用,语块已经明确给出,只需要用语块来完成句子或对话即可。如:

(1)_____,早睡早起对我们的身体更好。(与/和 A 相比)

(2)A:你为什么来中国留学?

B:_____。(为……而……)

第二类是隐性语块练习,如《发展汉语》中级综合(Ⅰ)中的"选词填空并朗读""回忆课文内容,试着补出下面这段话中没有出现的词语""参考课文填写表格并回答问题""根据语境提示,试着用本课学习的内容完成练习,尽量用上课文中的词语和格式""写一写"等。这些题型表面看起来与语块没有关系,实则将语块的练习混合或隐含在词语、句子等练习形式中。请看下面两个"选词填空"的练习:

(1)强烈、如意:

祝你新年快乐,万事(如意)。

大家都(强烈)反对周末到公司加班。

(2)运动员在比赛中有压力是(难免)的。(难免、不免)

以上题目是词语练习,但在句子中隐含着"万事如意""坚决反对""是难免的"这三个语块,"万事如意"属于固定语块,"坚决反对"属于自由搭配语块,"是难免的"属于"是……的"短语框架语块。如果不加提示,学生很难注意到。

2.改编隐性语块练习

对隐性语块练习进行改编,是为了凸显汉语语块在句子中的整体运用,提

高学习者的语块意识,培养语感。改编的方法可以有:

(1)增加要求

通过在练习题目之前添加说明性文字,增加关于"语块"的训练要求,以弥补原有练习的缺陷。例如,词语类的练习可以增加"画出句子中含有所填词语的语块"(加点部分),培养学习者以语块为视角进行整体理解,关注词语之间的搭配关系。练习完成后,学生教材上留下的画线部分的语块(如下)是课后进行复习的依据,及时整理归纳有助于词语的积累和语块的运用。如:

选择合适的词语填入下面的句子中,并画出句子中含有所填词语的语块。

重要　　解释　　困惑　　热情

①他对大家很(热情),常常请我们去他家里做客。

②她的做法让大家感到(困惑)。

③这么(重要)的事情,你怎么会忘了呢?

④请你(解释)一下你这样做的原因。

(2)补充题目

有时,单纯增加要求并不能达到语块练习的目的,要通过适当补充题目来实现。例如我们对《我和父亲的战争》(第3课)课后第1题做了如下补充:

理解下面含有语素"然"的词语的意思,选择合适的词语填空,并把含有所填词语的语块(如果有)画出来,完成补充练习。

居然　　突然　　虽然　　既然　　果然　　依然

①我们都以为他一定不同意,没想到他(居然)同意了。

②事情已经过去那么久了,可她(依然)那么悲伤。

③(突然),一辆小汽车开了过来,把她吓了一跳。

④他的房间(虽然)不大,但是很干净。

⑤我觉得他可能会迟到,结果他(果然)迟到了。

⑥我(既然)答应你了,就一定会做。

补充练习:

A.在句子①中,可以从没想到猜出要填的词语。

B.句子③还可以说：一辆小汽车<u>突然</u>开了过来，把她吓了一跳。

C.在句子⑤中，可以从<u>觉得、结果</u>猜出要填的词语。

以上题目除了增加要求外，补充练习 B 可以构建出"突然开了过来"这一语块，使学习者理解"突然"在句子中的两种位置，A 和 C 可以使学习者通过找出"没想到、觉得、结果"理解"居然"和"果然"在表达意思上的差异。

3.适当增加显性语块的口语表达练习

教材中显性语块的练习形式不够多样，一般是"完成句子""完成对话""根据课文内容填写表格"等形式，口语类的表达运用练习较少。

例如《北京的四季》(第 1 课)第六题可以增加"并试着用所填的语块复述北京的每个季节"(加点部分)，增加语块的口语表达机会，使学习者把语块的书写和运用结合起来。

在理解课文基础上，填写下面的表格，并试着用所填的语块复述北京的四季。

北京的四季

	春天	夏天	秋天	冬天
难忘的活动	爬西山；看花儿			
难忘的事物	美丽的花儿（牡丹、芍药）；大风	暴雨		
季节特点	美丽而短暂		很长	

4.增加语块归纳和复习环节

在完成以上所有练习后，应抽出一定的时间增加语块归纳和复习环节，将本课所学的重点语块(含生词、课文、语言点、练习中出现的语块)集中展示，可以按照情景或话题适当归类，让学习者更清晰地感受所学内容，并逐步提高在生活中运用这些语块的兴趣和意识。

二、教学重点

在以上五个教学步骤中，语块的构建、呈现、理解、练习和运用是教学重点，也是语块教学法的核心所在。

1.语块构建和呈现

语块的构建和呈现主要在生词和课文讲解环节。对于第二语言学习者来说,语块的构建和呈现是输入环节,是他们建立汉语语感的第一步,需要教师精心准备,不但要构建出常用地道的语块,还要以合适的方式呈现出来。在语块构建时,首先要紧贴生词和课文,其次要结合汉语交际实际进行必要的扩展和补充。在语块呈现时,首先要注意次序,可以是关联序、难易序、情景序等,其次要注意呈现方式,可以是对话式、场景式、图片式等。

请看下面这段课文[选自《发展汉语》中级综合（Ⅰ）第 11 课《SOHO 一族的快乐与烦恼》]：

"SOHO"就是英语"small office home office"的缩写,翻译成中文就叫"在家办公"。"SOHO"是网络时代出现的新的工作形式,虽然与发达国家相比,中国的"SOHO 一族"还不够多,但是正有越来越多的人成为"SOHO 一族"。"SOHO"成为时尚的代名词,年轻人见面会问"你'SOHO'了吗?"但是,并不是所有的人都适合在家办公,所以在你想成为"SOHO 一族"之前,最好了解一下"SOHO 一族"的快乐与烦恼。

1."SOHO"翻译成中文是什么意思? 为什么会出现这种工作形式? 2.与发达国家相比,中国的"SOHO 一族"怎么样? 3."SOHO"和"时尚"是什么关系? 从年轻人的哪个做法可以看出来? 4.想成为"SOHO 一族"的人,最好先做什么事情? 为什么?

在这段课文中,出现的生词有 6 个：

族、烦恼、缩写、形式、发达、代名词。

根据生词和课文,可以构建出如下语块：

SOHO 一族、快乐与烦恼、A 是 B 的缩写、工作形式、发达国家、时尚的代名词。

在呈现以上语块时,可以结合课文设计如下几种呈现方式：

(1)情景序-对话式

A:SOHO 一族是什么意思?

B：SOHO 是 small office home office 的缩写，是在家办公的意思，SOHO 一族就是在家办公的人。

A："在家办公"听起来很不错，这种工作形式，年轻人应该会喜欢。

B：对，SOHO 成了时尚的代名词，但是也有快乐与烦恼，不是每个人都适合做 SOHO 一族。

A：中国的 SOHO 一族发展得怎么样？

B：与发达国家相比，还不够多，但是以后会越来越多。

（2）关联序-场景/图片式

①SOHO 是 small office home office 的缩写，中文叫"在家办公"，它是一种新的工作形式。

外出上班（旧）　→　在家办公/SOHO（新）

②SOHO 是时尚的代名词，发达国家的 SOHO 一族比较多。

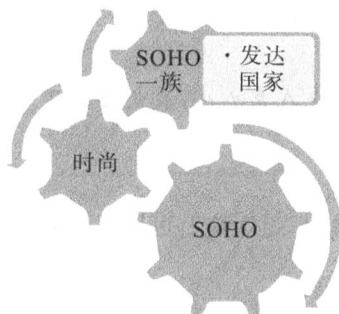

③并不是所有的人都适合在家办公，我们要先了解一下 SOHO 一族的快乐与烦恼。

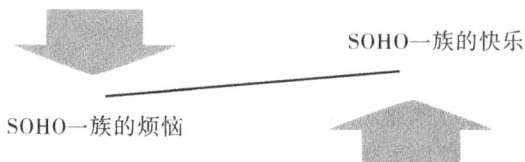

SOHO一族的快乐

SOHO一族的烦恼

2.语块的理解

语块的理解主要在课文和语言点环节。理解是记忆和运用的基础,如何让学习者正确理解语块的意义,完整习得语块的结构,是教学的关键。教师要在上一步构建和呈现的基础上,引导学习者理解画线部分的内容,可以参考以下教学策略:

(1)朗读

朗读对语感的训练非常重要。汉语母语教学十分注重朗读对培养语感的重要作用,叶圣陶就提出"语言文字的学习,就理解方面说,是得到一种知识;就运用方面说,是养成一种习惯"[①],"至于语言文字的训练,最要紧的是训练语感"[②],吕叔湘也曾指出"语文教学的首要任务就是培养学生各方面的语感……一个学生的语感强了,他在理解和表达方面都会不断前进"[③]。结合语文教学的实际,叶圣陶提出了心、眼、口、耳并用的吟咏学习法和范读、美读的吟咏教学法,在母语教学中获得了很高认可。在汉语作为第二语言的教学中,语感的培养任务更加艰巨,学习者没有一定的汉语听说能力和语感基础,在学习中更容易产生偏误。因此,在语块的理解阶段,朗读训练必不可少,朗读是学生整体理解并习得语块的意义和结构的有效手段。

朗读训练可以按照"读句子-读语块-就语块提问-读句子"的模式进行。设计的问题要紧扣语块整体,例如:

并不是所有的人都适合在家办公,我们要先了解一下 SOHO 一族的<u>快乐与烦恼</u>。

针对句子中的语块"快乐与烦恼",可以设计如下问题:

①我们要先了解一下 SOHO 一族的什么?
②"快乐与烦恼"是什么意思?
③SOHO 一族有哪些快乐与烦恼?

(2)选择合适的语块填空

---

① 叶圣陶.语文教育论集[M].北京:教育科学出版社,1980:2.
② 叶圣陶.叶圣陶论创作[M].上海:上海文艺出版社,1982:163.
③ 刘连庚.学习语法和培养语感——访吕叔湘先生[J].语文学习,1985(1):55.

在朗读和提问训练结束后,可以打乱语块的顺序,让学习者就朗读过的句子进行语块填空练习,便于复习和记忆。

(3)根据情景或图片完成句子/会话

填空训练结束后,可以设计一些与例句相关的情景或图片,让学生选择合适的语块进行完成句子或会话的练习。

3.语块的练习和运用

语块的练习和运用贯穿整个教学过程,是一个由浅入深、逐步提高的过程。在生词讲解中,练习要随词出现,适当扩展即可;在课文和语言点讲解中,练习要紧贴课文和语言点,注重生词的复现和语块的整体理解;在练习阶段,要注重语块的综合运用,可适当拓展场景、增加交际性的练习,训练学习者灵活运用语块的能力。

从上面归纳的三方面教学重点来看,生词、课文、语言点、练习是环环相扣、不可分割的,语块是贯穿其中的主线。

三、特别提示

前文提出的教学步骤和教学重点,都是就语块教学法的具体实施来说的,每一项任务的实施都围绕着语块教学来进行,通过语块教学来完成传统课堂项目(生词、课文、语言点、练习)的教学。因此,特别提示老师们注意:首先,语块的构建要紧贴生词和课文,可以复习已学过的内容并进行适当扩展,但不可超纲过多或出现一些难词,这样会降低学习者对语块的整体注意力和理解力。其次,教学环节每部分出现的语块应有衔接和关联,不断循环复现,螺旋提高,以便培养语感,加强语块的深度习得和内化。最后,应积极探求并实现语块练习形式的多样化和任务化,打破既有教材的练习模式,增强语块运用的真实性。

第三节　听力课语块教学法实践

听力课是以听力训练为主,全面提高学习者的汉语听力技能的课程。听力课教学课时量虽不多,但涉及多种听力技能的训练,同时还要听说结合、听写结合、学用结合,因此想取得好的教学效果并不容易。本节按照《发展汉语》高级听力(Ⅰ)教材的编排结构,探讨语块教学法在每一模块中的具体运用,并对语块教学法的操作重点进行解释说明。

一、教学步骤

（一）题解和导入

这是听力教学的开始，也是语块教学法实施的起点。在这一环节，依据教材提供适量相关语块作为铺垫，可以提高学习者对听力材料的敏感度，提高他们初步判断和预测听力内容的能力。

《发展汉语》高级听力（Ⅰ）每课设有"畅所欲言"，一般包含约三个问题，有的还配有图片或表格。以第4课《猫的遐想》为例，教材提供了家猫和野猫的照片，并给出三个问题：

（1）按照你对照片的理解，用自己的话说一说：什么是家猫？什么是野猫？
（2）照片中家猫的生活怎么样？野猫的生活怎么样？
（3）你认为家猫幸福还是野猫幸福？

根据以上三个问题，教师可以给出"无忧无虑、干净整洁、温暖舒适、享受自由、寻找食物、挨饿受冻、快乐和烦恼、想……就……"这些语块，引导学生讨论并作答。

在学生畅所欲言之后，可以用一段话把上面的语块连成句子。

家猫过着无忧无虑的生活，它们住在干净整洁的家里，有的主人会给它们做温暖舒适的窝，但是它们不太自由，一般都呆在家里。野猫可以享受自由，它们想去哪儿就去哪儿，但是要自己寻找事物，有时候还会挨饿受冻。所以，家猫和野猫都有快乐和烦恼。

这样，不但可以训练学生的成段表达能力，还可以提升汉语语感，为后续的听力训练打下基础。

（二）学习词语

词语是听力训练中的一个模块，但处理方式与综合课不同。听力课的词语以理解为主，是为扫清听力障碍服务的，因此教师在处理词语时，要特别注意把握好时间，不能喧宾夺主。在这一模块中，可继续运用语块法来构建词语组合，为听力理解提供更翔实的准备材料。还以第4课《猫的遐想》为例，教材中有12个生词：

遐想、下岗、丑、心烦、难为、节育、冒牌、宠物、福祸、尽头、品味。

教师在备课时,可以结合听力材料,构建出如下一些语块:

猫的遐想、担心下岗、丑猫、让人心烦、难为人的作文题、节育手术、冒牌宠物医院、福祸相依、生命的尽头、玩不出什么品味来。

这些语块大部分都是从第 4 课的听力文本材料中选出来的。将生词讲解变为语块讲解,在语块中理解词语的意思,既有助于提高讲解效率,缩短词语学习时间,也有利于在词语和课文之间建立连接,使课文内容更加明晰。具体的讲解过程可以参照下面一段关于"冒牌宠物医院"的讲解实录。

冒牌宠物医院

师:我们生病了要去哪儿?

生:医院。

师:家里养的小动物生病了,要去什么医院?

生:动物医院/宠物医院。

师:对,家里养的小动物是我们十分喜爱的,所以叫"宠物",它们生病了要去"宠物医院"。"冒牌"是什么意思呢? 去这样的宠物医院看病好不好?

生:应该不好吧,医生不好,水平不高。

师:对,所以"冒牌"的意思就是"不好的,假的",我们还可以说"冒牌产品、冒牌服装",等等。

通过以上一问一答的讲解,学生不仅理解了"冒牌""宠物"两个生词,而且将"冒牌宠物医院"作为一个完整的语块进行记忆,有利于在后文的听力理解中迅速抓住关键信息,提高听力理解水平。

(三)练习

练习是听力课堂的主体部分,通过各种主题材料的听力训练,全面提高学习者的听力水平。《发展汉语》高级听力(Ⅰ)的练习部分大致分为"听句子-听课文-调查或口语表达"三大部分。下面依次介绍语块教学法在每一部分的具体运用。

1.听句子

教材中的要求为"仔细听录音,找出每组句子有什么共同的地方"。录音材料为几组句子,每组句子中有相同的词语、短语或结构,训练学生抓住重复内容的能力,这些内容有的来源于"词语学习"模块,有的来源于"听力文本材料"。这部分练习可以听两遍,第一遍请学生自行写出听到的共同内容,第二遍引导学生注意共同内容组成的语块及其结构。例如下面三组句子:

(1)①骑车郊游多好啊,可以一边走一边玩儿,想走就走,想停就停。

②我一直很羡慕猫,每天想吃就吃,想睡就睡,多自由啊!

③我整天盼着能过上想工作就工作,想旅游就旅游的自由日子。

(2)①我小的时候从来没有挨过打。

②挨批评也不是什么坏事,这样就知道自己错在哪儿了。

③买东西最好去大商场,否则很容易挨宰。

(3)①大夫,我胸闷,透不过气来。

②打开窗户吧,屋里闷得透不过气。

③工作太多了,压得我都透不过气来。

首先,听第一遍录音,学生听后写出来的答案分别是"想……就……,挨,透不过气"。接着,听第二遍录音,引导学生注意"想……就……"结构中填充的内容,以及"挨""透不过气"后面紧接的词语。最后,就构成的语块做整体说明和举例:"想……就……"这一语块一般填充相同的动词性成分,如"想吃就吃、想喝就喝、想去哪儿就去哪儿";"挨"后面接动词,表示"遭受到不好的对待"之意,如"挨打、挨骂、挨批评、挨冻、挨饿"等,"挨"和动词之间还可以有"着、了、过"或者表示时间的词语;"透不过气"本身就是一个语块,还可以进一步扩展为"透不过气来"。

在这一训练过程中,学习者对词语及其组成的语块进行辨别、书写、识记、理解,不仅增强了语块意识,还复习了部分词语,为课文听力训练准备了更多的知识。

2.听课文

这一部分是整课训练的中心,听力练习的题量最多,类型最丰富,训练的听力技能也最多样。

就《发展汉语》高级听力(Ⅰ)来说,关于课文的练习一般有5～6个,题型包括下面的几种:①听全文,简单回答问题或选择课文的主要内容;②根据课文不同段落的内容选择正确答案、判断、填表、排序、边听录音边填空、回答问题(有的有提示词语)等;③用自己的话说一说句子的意思或表达的感情等,或用自己的话说出句子画线部分的意思;④选词填空,或将词语和意思连线后再填空。第一种题型考查对文章大意的理解,第二种题型考查对细节(包括词、句、段落等)的理解;第三种题型考查对长句中的词语和句子语气语调的把握,着重听后的口头表达训练;第四种题型考查对重点词语的理解和运用。

这一部分的课堂教学,我们采取"泛听-精听-复听"的教学环节,每个环节中强调语块的整体理解和运用,以语块教学推进教学活动的有序开展。

(1)泛听环节

请学生看问题或选项,画出其中的关键词,并根据词语学习阶段准备的语块,预测文章的主要内容。还以《猫的遐想》为例,教材中有以下三个问题:

①写文章的是什么人?
②她有烦恼吗? 如果有,是什么?
③她最想要的或者说她羡慕的是什么? 为什么这么说?

教师先引导学生找出这三个问题中的关键词"人、烦恼、想要/羡慕",明确文章写的是一个人,她有烦恼,她很羡慕一种生活。结合题目《猫的遐想》可知,作者将自己的生活和猫的生活进行对比。

我们在前文构建了如下语块:猫的遐想、担心下岗、丑猫、让人心烦、难为人的作文题、节育手术、冒牌宠物医院、福祸相依、生命的尽头、玩不出什么品味来。教师引导学生注意其中"难为人的作文题"这个语块,可以推测作者是一个学生,她的烦恼可能与学习有关,她羡慕的是猫的生活。

接着请学生边听边记,写下来与问题相关的词语。这是泛听阶段,特别提醒学生紧跟着录音,注意书写速度,遇到不懂的词语或句子不要停留。听完录音后,请学生分享答案,然后在教师的引导下将词语连成句子,口头回答问题。回答问题结束后,可以再次强调每个问题答案中的关键词语或语块并写下来(如下),为后续的精听做好准备。

①人、学生;
②去上学、挨骂、写作业、做数学题、难为人的作文题、考试、跑800米;
③想……就……、管吃管住。

(2)精听环节

这一环节分为多个练习,一般按照段落逐一进行,常见的是选择、填空、判断、排序等练习形式。在播放每一段听力材料之前,请学生画出题目中的语块,并根据语块预测段落中的有效信息。

"选择题"如:

对于未来的工作时间,更多的人有什么想法和建议？（第3课练习）

A.改革应考虑企业成本　　　　B.应允许工人不加班
C.给企业、个人更多自由　　　　D.再减工作时间不可能

在这一题干中,"未来的工作时间""更多的人""想法和建议"为关键信息语块,需要提前画出并引起注意。选项中的"企业成本""不加班""给……更多自由""减工作时间"是听录音过程中需要注意的信息语块。

"填空题"如（第4课练习中的一部分）:

①人要做难题,做不出难题会心里不（舒服）。
②人要写（作文）,有时碰上个难写的作文会睡（不好）觉。
③人要考试,要是（考不好）,轻则挨顿骂,重则上不成学。

在这些填空题中,先引导学生画出"心里不……""写……""睡……觉""要是……轻则……重则……"这些语块格式,提醒学生注意填空部分与句子中原有词语的关联,然后根据录音逐一填空。

"判断题"如（第7课练习中的一部分）:

①那时候妈妈常和女儿吵架。（　　　）
②妈妈认为学画画儿就应该受得了苦。（　　　）
③女儿深深感到有付出才会有回报。（　　　）
④妈妈也会和孩子记仇。（　　　）
⑤女儿如今懂得了反思。（　　　）

在这些判断题中,可以先引导学生找出"和……吵架""受得了苦""有付出才会有回报""和……记仇""懂得反思"这些语块,理解题目的意思,然后根据录音逐一判断。

"排序题"如:（第23课练习）

（　　）掏钱办卡

（　　）被邀请免费体验美容

（　　）宣传优惠服务——买卡消费优惠

（　　）路过美容店

（　　）碰到了越来越奇怪的事

（　　）感觉挺好

（　　）进行美好的联想

（　　）做品牌宣传——中法合资

（　　）钱被刷走

在上面的题目中，可以引导学生画出"掏钱办卡、被邀请、免费体验、优惠服务、美容店、越来越奇怪、感觉挺好、美好的联想、品牌宣传、被刷走"这些语块，让学生理解他们的意思，并和课文题目中的"美容卡"进行关联，随后在听录音的过程中抓住这些重点信息进行排序。

需要注意的是，在精听练习之后，教师可以用几分钟的时间带领学生就这部分画出的所有语块进行简短的朗读或对话练习，为下阶段的复听、书写、表达练习做好准备。

（3）复听环节

这一环节是在逐段精听之后，再次整体听全文，对文章进行深度理解，需完成的练习一般有回答问题、就文中某些句子或词语进行理解和表达、重点词语的连线和填空等。教师可先带领学生复习前文归纳出来的语块，然后听录音并完成相应的练习。

"回答问题"如（第 4 课练习）：

①做猫的好处是什么？

②做猫有什么缺点？

③作者有什么烦恼？

④作者最后想做人的原因是什么？

这些问题是就整篇文章提出的，教师要引导学生边听边记录与问题相关的重点语块，最后根据语块回答问题，这既是对语块的复习，也是对文章的复述，有利于巩固所学知识。

"句子或词语的理解、表达类练习"如（第 30 课练习）：

用自己的话说一说,画线部分是什么意思:

①早上,饭厅里摆着可口的早餐,<u>自取自用</u>,就像在家一样。

②小敏说:对呀,所以我才当自由职业者呢,<u>想干吗干吗</u>,干什么全凭我自己。

③为了旅游,小敏可豁得出去了,好几次她<u>说走就走</u>,挣钱的机会说不要就不要了。

在上面的句子中,画线部分含有的语块为"自……自……,想……(就)……,说……就……",可以先引导学生根据前文归纳积累的语块理解这些语块的意思,然后再用自己的话表达画线部分的意思。

"重点词语填空"如(第4课练习):

透　瞎　挨　想来就来　管　重　轻　想走就走

①我上小学的时候,学校离家特别远,每天七点半就得起床,晚点儿就要(挨)<u>骂</u>。

②我小时候最怕的是考试,<u>一旦考不好</u>,(轻)则挨顿骂,(重)则上不成学。

③您回家用用试试吧,不好(管)换。

④天气真闷,闷得人(透)不过气。

⑤(瞎)说什么呀?谁要结婚了!

⑥学校不是自由市场,可不能(想来就来),(想走就走)。

上面给出的八个词语,都是在导入、词语学习、课文听力训练阶段反复出现过的词语,教师要先请学生独立填答案,然后听录音核对答案,最后再画出与所填词语有关的语块(见画线部分),达到加强记忆的目的。

3.小调查或口语表达

这一部分是做完整课练习后的提升部分,教材一般设计为"说一说"或"小调查",将所学知识加以扩展和关联,引导学生关注身边和社会中的相关问题,引发讨论,达到活学活用的目的。

例如,第4课《猫的遐想》设计了如下题目:

①调查一下你住的学校或小区有没有流浪猫,它们是怎么生活的。

②你的国家有没有流浪动物?

③你认为流浪动物是怎么产生的？这是一个问题吗？如果是,应该怎么解决？

教师可以先带领学生复习本课中出现的关于家养宠物和流浪动物的一些语块,并结合调查和讨论题目给出一些新的语块,再布置学生分小组进行调查,收集材料。待学生调查结束后,课堂上进行汇报,鼓励多使用语块。

在布置本题调查任务之前,可以给出如下一些语块:

想……就……、管……、瞎……、让人心烦、宠物医院、生命的尽头、露宿街头、挨冻挨饿、剩菜剩饭、不讲卫生、容易生病、四处流浪。

二、教学重点

1.语块构建和呈现

与综合课类似,语块的构建和呈现同样是听力课的重点。与综合课全面提高学习者听说读写的语言技能不同,听力课是专项技能课,主要训练学习者的听力理解能力,附带训练听说结合、听写结合的能力。因此,在语块的构建上,紧贴词语和听力文本材料是重点,考虑到听力课时的限制,一般不拓展。呈现语块的方法和顺序有:

(1)课文序。即按照生词在听力文本材料中的出现顺序构建和呈现语块,并引导学习者注意语块之间的关联,进而引发对课文内容的猜测。例如,第9课《这就是爱情》有20个生词:

凄美、刻、苍老、老泪纵横、无微不至、人世、报答、心灵、茫茫人海、相识、风雨历程、平淡、任凭、遮风挡雨、时光、奢侈、情投意合、病危、挽救、肝移植。

我们可以结合课文中的三个爱情故事,分三组构建出如下语块:

A.凄美的故事、生命的最后一刻、苍老的手、老泪纵横的妻子、无微不至的照顾、不久于人世、报答妻子的真情、安慰自己的心灵、在茫茫人海中相识、50年的风雨历程;

B.故事很平淡、为她遮风挡雨、美好时光、奢侈的回忆;

C.情投意合、病危的小李、挽救生命、肝移植手术。

以上语块都是从听力文本材料中提取的，个别有改动，教师可以在呈现语块的同时，引导学生就每一组语块进行联想，猜测三个爱情故事的大意。

（2）类别序。即按照生词的语法或语义类别，同时结合课文内容来构建语块。例如，第15课《从"酒香不怕巷子深"谈起》有16个生词：

酒香不怕巷子深；崇尚；王婆卖瓜，自卖自夸；贬义；起步；颠覆；散装；
无可厚非；公众；演戏；炒作；充其量；中性词；隐私；纯粹；低级。

我们兼顾生词的语法类别（词性）和词义之间的关联，构建出以下几组语块：

A.酒香不怕巷子深；王婆卖瓜，自卖自夸；无可厚非；
B.崇尚谦虚；起步晚；散装食品；充其量是个中性词；
C.在公众面前演戏；炒作明星的隐私；把传统思想完全颠覆了；带贬义；纯粹是低级趣味。

在以上三组语块中，A组是经商的观念及其变化，B组是就"广告"发表自己的看法，C组是就"炒作"进行讨论。可以说，三组语块互相独立又存在关联，有助于学习者后续的听力理解。

2.语块的理解和运用

听力课程由于其边听边学边练的独特性，语块的理解和运用是无法分开的，都融合在听力练习中，可以分为以下两类：

（1）听写类练习，多侧重于语块的理解，一般为记录、选择、填空、问答等题型，语块暗含于题目中，需要教师引导学生注意并理解这些语块。如第20课《对话诚信》：

男士如何解释现在的商业诚信？
A.企业根本不明白诚信文化　　　B.百姓对商业诚信要求很高
C.经常上当便没人信任商家　　　D.百姓被骗后也不讲诚信了

在上述题目中，画线部分均为语块，学生要读懂并理解这些语块，并结合听力内容做出正确的选择。

（2）听说类练习，多侧重于语块的运用，一般为回答问题或讨论题，不仅需

要学习者理解题目中的语块,还要有相关的语块知识积累,要求更高。如第20课《对话诚信》:

说一说:
- 在你们国家,大家对于<u>信誉问题</u>怎么看?
- 举例说明,在你们国家发现<u>商业欺骗</u>后怎么办?
- 你认为提高<u>企业诚信度</u>的办法是什么?

回答上述几个问题,首先要理解题目中画线语块的含义,然后结合本课所学语块和以往积累的语块知识进行讨论,例如:童叟无欺;言而有信;君子一言,驷马难追;父债子还;虚假广告;法律法规;惩罚制度……。

三、特别提示

前文提出的教学步骤和教学重点,是就语块教学法在听力课中的具体实施来说的,每一个教学环节都围绕着语块教学来进行。特别提示老师们注意:首先,语块的构建要紧贴生词和课文,一般不拓展。其次,要注意语块教学与听力技能训练的融合,将语块教学纳入听力技能训练(泛听、精听、复听、听写结合、听说结合等)中,努力实现语块意识和听力水平共同提高。再次,要结合所学的内容话题,引导学生积累常用语块,总结利用语块提升听力水平的技巧。

第四节　口语课语块教学法实践

口语课是以口语训练为主,全面提高学习者的汉语口语表达能力的课程。口语课教学课时量不大,但涉及多种口语技能的训练,包括正确的语音语调、熟练使用常用词语和句式、能就常用情景和话题进行成段表达等。本节按照《发展汉语》中级口语(Ⅰ)教材的编排结构,探讨语块教学法在每一模块中的具体运用,并对语块教学法的操作重点进行解释说明。

一、教学步骤

(一)导入

在这一环节,通过预热与学生互动,用熟悉的话题引出部分生词组成的语块和课文中的重点语块,为生词和课文的学习打下基础。

例如第 1 课《第一天》的主要话题是"询问、比较附近生活基本设施,提出建议",包含两篇课文《附近有吃饭的地方吗》《你有什么打算》。就此,我们可以提出以下互动问题:

①在我们学校吃饭有哪些选择?
②我们学校哪儿的饭好?
③我们学校有留学生餐厅吗? 那儿的饭菜怎么样?
④在学校餐厅吃饭,什么时候人多? 什么时候人少? 费用怎么样?

在讨论以上问题的过程中,可以总结出以下有用的语块:

学生食堂、教师餐厅、很有特色、有点儿辣、很好吃、有点儿贵、比较便宜、太早了;是……还是……;……是……,不过……;……是……,就是……。

(二)"词语十课文"讲练

这一环节是教学的重点环节,也是语块理解和记忆的环节。教学内容涵盖教材中的生词、课文、随文练习和词语练习四个模块。与综合课中生词和课文分开讲授的做法不同,我们采取"生词十课文""讲授十练习"一体的模式,即由词语进入课文,在课文中理解词语,边讲授边练习的教学方式,语块在这一过程中起着关键的作用。具体步骤如下:

1.从"生词"到"课文"

(1)生词认读

通过领读、齐读、查读、点读等不同的方法,纠正词语的发音,训练正确的语音语调,识记词语,为课文学习打下基础。

(2)默读课文并标出生词

请学生默读课文,并在文中标出生词。这不仅能使词语再次复现,加强记忆,而且锻炼学习者默读并初步理解课文的能力。

(3)朗读课文

朗读课文是口语课训练的重点,可以通过领读、齐读、分角色朗读等方式,训练学生的语句语调,把握课文对话中的停顿、连读、变调、语气和感情。在朗读课文的同时,要提醒学生注意文中标出的生词。

2.从"课文"到"语块/生词"

(1)归纳语块,理解词语

朗读课文之后,引导学生注意文中标注的生词及其前后的词语,并协助学生找出课文中可以直接使用的单位——语块。这一过程需要将生词和课文语境紧密结合,教师允许学生大胆说出自己的想法,并及时纠错,然后给出正确的语块结构,同时解释语块中所含生词的意思。例如,第1课课文1《附近有吃饭的地方吗》:

> 今天是大卫到中国的第一天,他对学校一点儿也不熟悉,他想找个吃饭的地方。

大卫:你好,请问,附近有吃饭的地方吗?

王丽:有啊,学校里有学生食堂、教师餐厅,还有饭馆,吃饭的地方很多。

大卫:学校里的食堂和餐厅,哪个好一点儿?

王丽:教师餐厅不错,不过有点儿贵。

大卫:学生也可以去教师餐厅吗?

王丽:当然可以。

大卫:学生食堂怎么样?

王丽:学生食堂也不错,比较便宜,就是人太多。

大卫:谢谢你。

王丽:你是 新生 吧?

大卫:对,我是 新生 ,对学校不熟悉,所以不知道去哪儿吃饭。

王丽:你是想吃中餐还是想吃西餐?

大卫:我刚来中国,想尝尝中餐。

王丽:那你还是去教师餐厅吧,那儿的饭菜很有 特色 。

大卫:那儿什么东西好吃?

王丽:那儿的 小吃 最好,贵是贵了点儿,不过味道很不错。

大卫:教师餐厅离这儿远吗?

王丽:远倒是不远,就是不太好找。这样吧,你跟我走,我也要去那儿。

大卫:太好了,谢谢你。我叫大卫,认识你很高兴。

王丽:我叫王丽,认识你我也很高兴。

(两人一边走一边聊,王丽给大卫介绍校园)

大卫:学校里有体育馆吗?

王丽：有，体育馆就在 校园 西边。

大卫：体育 设施 多吗？

王丽：体育 设施 很多，可以打球，可以 健身 ，还可以游泳。

大卫：留学生也可以去吗？

王丽：可以去，只要你带着自己的学生 证 就行。

大卫： 费用 怎么样？ 贵吗？

王丽：贵倒是不贵，就是有的时候人比较多，特别是周末和下午。

大卫：什么时候人少？

王丽：你最好早上 8 点以前去，这个时间人少。

大卫： 哦 。不过早上 8 点太早了。

王丽：那你还是晚上去吧，10 点以后 门票 也便宜。

大卫：好的。

王丽：你看，这就是教师餐厅，我们到了。

在上面的课文中，用□标注出来的是生词表中的生词，共 10 个，包括：新生、特色、小吃、校园、设施、健身、证、费用、哦、门票。

大部分生词可以和其前后的词语组成常用语块，这里边有 7 个生词可以构成语块："有特色""那儿的小吃""在校园西边""体育设施""学生证""费用怎么样""门票便宜"，教师可以先引导学生找出这些语块，再进行释义。

有的释义要结合生词中的语素，如：

师："有特色"是什么意思？ 我们学过"特……"？

生：特点，特别……

师：所以"有特色"的东西和一般的东西一样吗？

生：不一样。

师：对，所以"有特色"就是"很特别，有自己的特点，和别的不一样"。

有的释义需要结合上下文。如：

师："体育设施"是什么意思？

生：（摇头）……

师:大家平时喜欢什么体育运动?

生:跑步、打球、游泳……

师:做这些运动要去哪儿?

生:体育馆、运动场、游泳池、篮球场、足球场……

师:对,这些都是"体育设施"。大家看,在课文对话里的"体育设施"的后面,有"可以打球,可以健身,还可以游泳"。

还有的释义需要把两个相关的语块结合起来。如:

师:"费用"和"门票"一样吗?

生:一样/差不多/不一样……

师:大家在对话里找一找,"费用怎么样"的后面还问了什么?

生:"贵吗?"

师:对,有一个"贵"字,那么,"门票"的后面呢?

生:"便宜"。

师:对。"贵"和"便宜"都是在说什么?

生:钱。

师:好。所以,如果你去体育馆,问花钱多少,就说"费用怎么样",如果需要买票,但是不贵,就说"门票便宜"。

还有少数的生词没办法和前后的词语组成语块,需要特别解释。我们可以采用结合上下文释义、语素释义等方法进行解释,再就其用法进行扩展,组成常用语块。如"新生":

师:"新生"是什么意思?

生:新来的学生/新的学生/刚来的同学……

师:对,很好。"新"是新来的,"生"是学生。如果你是一个新生,那么你熟悉我们的学校吗?

生:不熟悉。

师:对。我们看"新生"后面的句子,"对学校不熟悉",注意"对……不熟悉"。如果是以前的学生,不是新来的,可以叫什么?

生:旧生、老生……

师:我们叫"老生"。所以可以说"我是新生,他是老生"。

（2）做随文练习，理解课文大意

教材中的随文练习包括"想一想，说一说""问一问，答一答""看一看，填一填""讲一讲，谈一谈""读一读，试一试"五个部分。我们还以第1课的课文1《附近有吃饭的地方吗》为例进行教学步骤的演示。

"想一想，说一说"是关于文章内容的理解、记忆和表达。首先，引导学生在读懂问题的基础上，找出问题中的重点语块。接着，依据问题中的语块，鼓励学生回到课文寻找答案，并大胆表达出来。回答问题之后，再引导学生从课文归纳出重要的语块。例如：

教师餐厅的小吃怎么样？
师：注意，这里问的是"教师餐厅的小吃"，怎么样？
生：最好。
师：只是"最好"吗？还有别的吗？再找找。
生：贵是贵了点，不过味道很不错。
师：很好。教师餐厅的小吃贵吗？
生：贵/有点儿贵。
师：味道呢？好吃吗？
生：很不错。
师：那么，大家能不能用我们学过的"虽然……但是……"把这个意思说出来呢？教师餐厅的小吃……
生：虽然有点儿贵，但是味道很不错。
师：很好。这里请大家注意"A 是 A，不过……"，意思和"虽然……但是……"一样，我们还可以说"汉语难是难，不过很有意思"。

上面这个示例，不但回答了问题，还引导学生归纳并理解了本文中的一个重点语块"A 是 A，不过……"，为后面的练习和运用打下了基础。

"问一问，答一答"设置更灵活，要求学生在理解课文的基础上不但能回答问题，更能就一些内容进行有效的提问。完成这一练习，可以仿效上一步骤，请学生标注出题干中的语块，再进一步引导其结合课文进行回答或提问。例如，就"教师餐厅离这儿倒是不远，就是不太好找"进行提问，可以设计如下：

师：请大家注意，这句话中有"教师餐厅"和"A 倒是不 A，就是……"两个重要的语块。我们就哪个提问呢？请注意句子的开头。

生："教师餐厅"。

师：对。问"教师餐厅"的什么？大家也可以回忆一下课文的对话。

生：教师餐厅离这儿远吗？

师：很好。同时请大家注意"A倒是不A，就是……"的意思，我们还可以说"他笨倒是不笨，就是有些贪玩儿"。

"看一看，填一填"是对课文内容的复习，将对话体变为陈述体，引导学生概括陈述对话内容。题目中括号里要填的内容都是词语，教师可以先让学生自主填写，然后进一步引导他们把学过的语块画出来（见下文中画线部分），加强记忆。如：

今天是大卫到中国的第一天，他想找个吃饭的地方，但是他对（学校）不熟悉，王丽告诉他，吃饭的地方很多，学生食堂比较便宜，（就是）人太多。大卫刚来中国，想尝尝中餐，王丽说教师餐厅有很多（小吃），贵（是）贵了点儿，（不过）很有（特色），味道也很（不错）。

王丽和大卫一起去教师餐厅，在路上，王丽告诉大卫，学校的体育馆很大，（体育设施）也很全，可以打球，可以（健身），还可以游泳，只要带着（学生证）就可以去。体育馆的（费用）也不高，晚上十点以后去门票很便宜。

"讲一讲，谈一谈"是对课文话题的练习和运用，是从课文到生活的过渡。在做这一部分的练习时，应该引导学生把学过的语块标注在问题后（见下文括号内），再进行回答，以提高练习的针对性。如下：

在你们学校吃饭有哪些选择？（有……，有……，还有……）

你们学校哪儿的饭菜好？（学生食堂、教师餐厅）

你们学校有留学生餐厅吗？那儿的饭菜怎么样？（A是A，不过……；A倒是不A，就是……）

学校吃饭什么时候人多？什么时候人少？费用怎么样？（最好……；A是A，不过……；A倒是不A，就是……）

"读一读，试一试"是对课文中重点语块的练习，教师要引导学生朗读例句、标注语块，认真体会语块的意义，然后再进行练习。如：

例：那儿的小吃最好，贵是贵了点儿，不过味道很不错。（A 是 A，不过……）
①我们宿舍小是小了点儿，不过很舒服。
②学生食堂便宜是便宜，不过人太多。
③今天的作业多是多了点儿，＿＿＿＿＿＿＿＿。
④＿＿＿＿＿＿＿＿，不过我很喜欢。
⑤百花超市＿＿＿＿＿＿＿＿。

（3）做词语练习，拓展语块

教材中的"词语练习"模块包括以下四种类型的练习：模仿例子说出更多的词语；词语活用（即选词填空）；字词扩展（根据不同的主题词列出语块）；实用招牌句（大声读，背下来）。

"模仿例子说出更多的词语"是利用语素来扩展词汇。如：

校园：花园 公园
新生：＿＿＿＿＿＿＿＿
门票：＿＿＿＿＿＿＿＿

在做这一练习的时候，教师可以鼓励学生多思考，尽量想出更多的词语。如"老生、学生、女生、男生、留学生、交换生、插班生""车票、船票、电影票、飞机票、小票、发票"。

"词语活用"考查词语在句子中的运用。如"特色"这个词在练习中有如下一些句子：

①这家饭馆虽然很小，但是饭菜跟别人的不一样，很有（特色）。
②这是我们饭店的（特色）菜，吃过的人都说好。
③这件衣服是挺有（特色）的，就是贵了点儿。

教师在学生填出正确答案之后，要注意根据句中词语的用法对语块进行总结和提炼，总结出"有特色、特色菜"两个语块。

"字词扩展"是对词语用法的考查，也是复习和运用语块的好机会，教师引导学生说出或写出尽量多的含有指定词语的语块，并适当纠错。如下面的表格是对"小吃""健身""费用""旅游"四个词语进行的扩展练习，其中"小吃""健身"下面的扩展实例教材已经列出，"费用""旅游"下面的扩展实例来自课堂。如：

小吃	健身
小吃	健身
地方小吃	健身设施
有名的小吃	上健身课
特色小吃	喜欢健身运动
尝一尝有名的地方小吃	经常去健身
费用	旅游
费用	旅游
吃饭的费用	去旅游
健身的费用	旅游城市
费用高	旅游计划
费用低	旅游费用

"实用招牌句"是教材给出的一些现成实用的交际用语,在生活中出现频率高,也属于广义的语块。如第 1 课有三个实用招牌句:

1.哪个好一点儿?
2.费用怎么样? 贵吗?
3.你还有别的打算吗?

教师要引导学生大声朗读和背诵这些招牌句,并尝试自行进行对话练习,自如运用。

(三)"功能项目＋情景"练习

这一环节紧跟上一环节,跳出课文,是相关交际功能和话题的练习环节,也是语块的运用和内化环节。这一环节的教学内容涵盖教材中的功能项目练习和情景练习两个模块,具体教学步骤如下:

1.复习课文中的相关功能项目和常用语块

还以第 1 课课文 1 为例,功能项目为"提出建议"。回顾课文 1 的对话,教师可以带领学生进行如下复习:

师:大卫是新生,他主要向王丽问了学校里的哪些地方?

　　生：教师餐厅、学生食堂、体育馆。

　　师：很好，学生食堂和教师餐厅都是吃饭的地方，体育馆是锻炼身体的地方。如果你新到了一个学校，也会遇到同样的问题，想得到别人的建议。教师餐厅怎么样呢？王丽是怎么说的？

　　生：教师餐厅不错，<u>不过</u>有点儿贵。

　　师：学生食堂呢？

　　生：学生食堂也不错，比较便宜，<u>就是</u>人太多。

　　师：最后大卫想去哪儿吃饭？为什么？

　　生：他想去教师餐厅，因为那儿的饭菜很有特色，小吃最好。

　　师：那儿的小吃贵吗？

　　生：<u>贵</u>是<u>贵</u>了点儿，<u>不过</u>味道很不错。

　　师：教师餐厅远吗？

　　生：<u>远倒是不远</u>，<u>就是</u>不太好找。

　　师：大卫一个人去的教师餐厅吗？

　　生：不是，他跟王丽一起去的。

　　师：王丽怎么说的？请大家找出来。

　　生：王丽说"<u>这样吧</u>，你跟我走，我也要去那儿"。

　　师：很好，接下来他们一边走一边聊，大卫问到了体育馆。体育馆的费用怎么样？贵吗？

　　生：<u>贵倒是不贵</u>，<u>就是</u>有的时候人比较多。

　　师：大卫想知道什么时候人比较少，王丽建议他什么时候去呢？她是怎么说的？

　　生：王丽说"你<u>最好</u>早上 8 点以前去，这个时间人少。"

　　在通过问答形式复习完对话的主要内容后，教师需要把文中的功能项目和重点语块总结出来，请同学们写在教材的"自主学习，日积月累"模块中。

　　功能项目：这样吧，……；最好……；

　　有用的语块：……，不过……；……，就是……；A 是 A，不过……；A 倒是不 A，就是……。

　　2.做"功能项目练习"

　　上一阶段复习和总结的基础上，请学生自主完成教材中的功能项目练习。

第1课的功能项目练习为"提出建议",需要用到的句式为"这样吧,……"和"最好……",在每一个句式后面,教材先给出了课文中的句子,然后给出相应的对话练习。教师应引导学生积极思考,运用所学的功能句式,提出合理的建议,答案尽量多样化。如:

这样吧,……
A:明天就要考试了,我还有很多不明白的地方呢!
B:①已经很晚了,这样吧,你先睡觉,明天早点起床我给你解释。
②我也有很多问题,这样吧,我有一个中国朋友,我们一起去找他吧。
③好像老师还在办公室呢,这样吧,我们快去问问他吧。

3.做"情景练习"

教材中的"情景练习"先给出课文中的词语和句式,这些词语和句式正是前文复习总结过的重点语块,以及朗读背诵过的"实用招牌句"。这一模块会提供丰富多样的材料,教师首先需简要分析材料的内容,处理学生在阅读材料时遇到的障碍,再分配角色,请学生运用所学词语和句式进行情景对话练习。如:

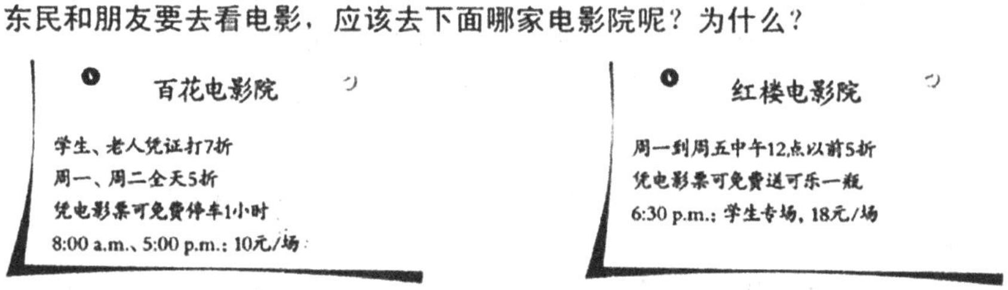

东民和朋友要去看电影,应该去下面哪家电影院呢?为什么?

百花电影院
学生、老人凭证打7折
周一、周二全天5折
凭电影票可免费停车1小时
8:00 a.m.、5:00 p.m.:10元/场

红楼电影院
周一到周五中午12点以前5折
凭电影票可免费送可乐一瓶
6:30 p.m.:学生专场,18元/场

图3-1 教材中的情景练习

根据以上材料,老师可以先解释"凭、打折、免费"等词,再引导学生关注两家电影院的不同,最后分配角色,请学生就"去哪家电影院"这一话题进行讨论。

这一模块还设计了"小组活动",给出具体的活动任务,没有词语和句式限制,更加灵活。如:

两个同学一组,互相介绍学校里边和学校附近的生活、娱乐设施,比如饭馆、校内餐厅、电影院、商店、银行、邮局……

就这一活动任务,教师可以先引导学生说出他们感兴趣的一些生活、娱乐设施,按照不同的兴趣将同学分组,比如饮食类、购物类、娱乐类等,然后请同学们就相关的话题进行介绍和讨论,同时提醒大家尽可能使用本课总结过的功能项目和常用语块。

(四)作业＋自主学习

经过上面三个环节的课堂教授,学习者已经基本完成了语块的识记、理解和运用任务,并且对教材中的功能项目和重点句式进行了多次循环的练习,从课内延伸到课外。为加强语块的复现,避免遗忘,我们安排了"作业＋自主学习"环节,目的在于复习巩固和提升,主要完成教材的"综合练习",并充实"自主学习、日积月累"的内容。

教材中的"综合练习"先给出需要使用的词语、句子,再给出具体场景,请学生根据场景提示完成对话,这一练习形式虽不够灵活,但是对加强语块的记忆和运用是有好处的,可供有余力的学生完成。同时也要提示学生,在完成"综合练习"的同时,把本课有用的词语、句子、文化知识等,记录在"自主学习、日积月累"中,方便课后交流和复习。

二、教学重点

1.语块的构建、呈现和理解

在上述教学步骤中,语块的构建、呈现和理解是同时进行的,融合在生词、课文、随文练习中。我们可以将语块分为含有生词的语块和不含生词的语块两种。

含有生词的语块占大部分,采取"随文建构-随文呈现-随文理解"的方式。例如我们针对第 1 课课文 1 构建了"有特色""那儿的小吃""在校园西边""体育设施""学生证""费用怎么样""门票便宜"等语块。通过"在文中找出生词""随文讲解语块""进行随文练习加深理解"等方法,使学习者在理解语块的同时理解生词的意义。

不含生词的语块来源于课文中的功能项目和重点句式,可以通过随文练习加以提炼,并结合课文进行讲解,通过具体的情境加深对此类语块的理解,如第 1 课课文 1 中的"这样吧,……"、"最好……"、"A 是 A,不过……"、"A 倒是不 A,就是……"。

2.语块的运用

语块的运用主要体现在词语练习、功能项目练习、情景练习、综合练习中。词语练习是词语复习和语块扩展,要重点引导学习者从练习的语句中找出语块,总结含有同一词语的"语块组",并尝试就某一词语进行多样化的扩展。功能项目练习和情景练习是语块运用的重点,要引导学生结合语境,就不同的情景灵活运用语块,尽量做到运用自然、合情合理。综合练习是语块的复习巩固和提高环节,可以进一步引导学生从说到写,表达贴近汉语习惯,尽量做到文从字顺。

三、特别提示

前文提出的教学步骤和教学重点,是就语块教学法在口语课中的具体实施来说的,每一个教学环节都围绕着语块教学来进行。在此特别提示老师们注意:首先,语块的构建要紧贴生词和课文,语块扩展的部分可以随练习适度展开,要注意难易度的把握。其次,要注意语块教学与口语技能训练的融合,将语块教学纳入口语技能训练中,每一环节都要通过朗读、对话、讨论等方式,启发学生开口表达,引导学生自主发现、理解、运用语块。再次,要结合所学的功能项目和内容话题,引导学生积累常用语块,通过语块的表达来提升口语水平。

第五节　阅读课语块教学法实践

阅读课通过题材广泛、内容实用的书面材料的阅读训练,全面提高学习者的汉语阅读理解能力。阅读课一般作为选修课开设,教学课时量很少,但涉及多种阅读技能的训练,包括细读、通读、略读、查读等,由于阅读材料的语体风格多样,在教学中不但要帮助学习者激发阅读兴趣、养成良好的阅读习惯,还要提高他们辨词识句、理解语段语篇、抓主要内容和关键信息、理解文章大意的能力。本节按照《发展汉语》中级阅读(Ⅰ)教材的编排结构,探讨语块教学法在阅读课中的具体运用,并对语块教学法的操作重点进行解释说明。

《发展汉语》中级阅读(Ⅰ)每课包含 5 篇文章,细读 1 篇、通读 2 篇、略读 1 篇,查读(实用阅读)1 篇,文章旁侧有少量的词语注解,文后有练习,在每课的最后有"日积月累"模块,请学生从本课中找出 5～8 个有用的词语或句子。下面,我们就按照教材的体例具体介绍语块教学法在阅读课中的应用。

一、教学步骤

(一)题解和导入

题解和导入是阅读的准备阶段,有效的导入能激发学习者的背景知识和阅读兴趣,有助于理解文章。在这一阶段,教师可就题目进行简单分析,利用讨论和问答的形式,总结相关语块,为正式阅读做铺垫。

第一类语块来源于题目。例如:《找工作的故事》《学会赞美别人》《一封求职信》《中国汉语网正式开通》《招募博物馆讲解志愿者》这几篇文章,题目中均可以切分出 1~2 个语块:找工作、赞美别人、求职信、中国汉语网、正式开通、讲解志愿者。这些语块都与文章内容密切相关,可先就这些语块向学生提问,进而分析讨论它们的意思。

第二类语块来源于课文,与题目相关,需要教师在备课过程中筛选和记录,在与学生讨论题目相关问题时,巧妙引入并加以呈现。例如《找工作的故事》(第 2 课文章一),在完成题目讲解后,可以设计如下几个导入问题:

①找工作需要考试吗? 怎么考?
②找工作的时候,考官一般会问什么问题?
③回答问题的时候,怎样才能让考官满意?

讨论完以上问题后,可以逐步引出以下语块:通过笔试、进行面试、最……的一件事、不慌不忙、自己的权利。这些语块均来源于课文,能对阅读起到很好的辅助作用。

(二)阅读＋练习

"阅读＋练习"是阅读课的重点,由于每一课中的 5 篇文章分别训练不同的阅读能力,有些文章需要逐字逐句地仔细阅读(细读),有些文章需要从头到尾快速阅读(通读),有些文章只需要快速看懂大意(略读),还有些文章只要查到需要的信息即可(查读)。在这一部分,我们根据不同的阅读要求,在教学步骤的设计上有所不同。

1.细读

我们以第 7 课文章一《塞翁失马的故事》(见附录一文章一)为例,进行教学步骤的设计。

(1)读第一遍,边读边找出语块,熟悉文章大意

在题解和导入环节,学生已经了解到这篇文章讲的是一个边塞的老头儿

丢了一匹马的故事。阅读第一遍之前,教师给出以下语块,请学生边读边画出来:

古老而有名;成语故事;塞翁失马,安知非福;边远地方;无缘无故;受到损失;谁知⋯⋯;不是⋯⋯呢;一种福气;一件好事;带领着⋯⋯回来;一大群;胡人的好马;一种灾祸;入侵边塞;健壮男子;保全性命;祸兮福所倚,福兮祸所伏。

(2)回答问题,回忆文章大意,理解语块

教师设计 2～3 个针对文章内容大意的问题,引导学生注意文中画出来的语块,试着用语块来讨论并回答问题,进而理解语块的意思。如:

①塞翁丢了马之后,故事发生了好几次变化,请想一想,邻居来了几次,都是因为什么? 邻居每次说了什么? 塞翁是怎么回答的?
②试着说说这个成语故事告诉我们的道理。

教师还可以画出故事的大意图,让学生体会"塞翁失马,安知非福;祸兮福所倚,福兮祸所伏"的深刻含义。

丢马-马带着一大群好马回来-儿子骑马摔断腿-儿子没去打仗保全性命

(3)看练习题目,找出重点语块并理解

这篇文章后的练习有三题,分别是"根据文章内容判断正误""根据文章内容选择正确答案""说一说"。前两题属于客观题,主要考查对文章细节的理解,第三题主要考查文章所表达的文化含义。教师先引导学生画出题目中的重点语块(句中画线部分),理解题目中的语块时可以联系文中的语块(见句后括号)。

判断题如:

老人家丢的马很聪明。( )(带领着⋯⋯回来)

选择题如:

"邻居们觉得他发财了"，这句话的意思是( )（一大群、胡人的好马）。

A.邻居们觉得他有马了　　　　B.邻居们觉得马给老人带来了财富

C.邻居们认为马可以卖很多钱　　D.邻居们认为他要买马

"说一说"如：

生活中你有没有"塞翁失马"这样的经历？（塞翁失马，安知非福；祸兮福所倚，福兮祸所伏）

在上面的题目中，句中语块基本都可以在文中找到相对应的语块，这一环节不但是对题目的审读和理解，也是对文中语块的复习。

（4）读第二遍，边读边做练习，注意文章细节，领悟思想文化内涵

第二遍阅读的主要任务是在第一遍阅读和理解题目的基础上，有针对性地阅读文章的重点语句，并完成练习。在完成练习时，不但要注意题目和文章的对应语块，还应注意文中语块前后的关联成分。如：

判断：老人家里的马被偷了。（×）（无缘无故）

单凭以上句中和文中的对应信息，不能判断出正误，还要注意文章中"无缘无故"后面的词语"跑了"。

同时要注意题目中的易混淆信息。如：

判断：老人是老子的儿子。（×）

从文章中"老子说：祸兮福所倚，福兮祸所伏"这句话可以得出，"老子"与"老人"并没有关系，两个词语中的"老"意思不同。

最后，要注意结合文章内容理解词语在文中的正确释义。如：

选择："家产受到很大损失"中的"家产"指的是：（C）

A.儿子　　　　B.房子　　　　C.马　　　　D.土地

单看题目，"房子""马""土地"都可以是"家产"，因此要结合文中语句"马无缘无故跑了"，来确定这里的"家产"特指"马"。

除了以上文章细节的理解外,还要引导学生在阅读第二遍后,深刻理解文章蕴含的思想、文化等内容,并能结合生活实际表达自己的经历或看法。《塞翁失马》这篇文章的第三题,要求学生说一说自己生活中类似的经历。教师可以先请学生说一说"塞翁失马,安知非福"和"祸兮福所倚,福兮祸所伏"的道理,然后引导他们根据自己的经历画一个事情好坏转变的图,再结合文章中的语块进行表达。

(5)复习重点语块

这一步骤是细读的最后一环,教师要引导学生复习文章中的重点语块,如"塞翁失马,安知非福;祸兮福所倚,福兮祸所伏;谁知……;不是……呢;一种福气;一件好事;一种灾祸",让学生领会这些语块在日常生活中的使用和表达。

2.通读

我们以第 3 课文章二《学会赞美别人》(见附录一文章二)为例,进行教学步骤的设计。

(1)通读文章,边读边找出语块,熟悉文章大意

在题解和导入环节,学生已经了解这篇文章讲的是"赞美别人"。阅读第一遍之前,教师给出以下语块,请学生边读边画出来:

多一个朋友多一条路;交朋友;搞好关系;好心情;怎样才能……? 赞美别人;朋友很少;不是……而是……;对……要求;在……眼里;这个……那个……;和……交朋友;不受欢迎;不会说话;容易接受;让别人讨厌;即使……也……;如果……就……;得到赞美;很多的好处;对……赞美;更加努力;取得……成果;关系亲密;赞美子女;更进步;学习成绩;发现优点;受到尊敬;要注意的是;太过分。

(2)理解文章中的语块,回忆文章大意

在这一步骤,可以采取将文章分段的做法。《学会赞美别人》这篇文章共6 段,先引导学生阅读每段的段首、段尾和段中的语块,再理解段落大意。

第 1 段,段首"多一个朋友多一条路",段尾"赞美别人",可以看出"朋友多"和"赞美别人"的关系。段中三个"怎样才能……?"是为了引起阅读的注意和兴趣。因此,第 1 段的大意是点明文章的主要内容,引出下文。

第 2 段,段首"朋友很少",段尾"不受欢迎",可以看出"朋友很少"引起的结果。段中"不是……而是……;对……要求;在……眼里;这个……那

个……；和……交朋友"说的是朋友少的原因。因此，第 2 段的大意是朋友少的原因和结果。

第 3 段，段首"不会说话"，段尾"不受欢迎"，可以看出"不会说话"引起的结果。段中"不容易接受；让别人讨厌；即使……也……"也是"不会说话"的结果。因此，第 3 段的大意是不会说话的结果。

第 4 段，段首"如果……就……；赞美别人；得到赞美；很多的好处"可以看出这段讲的是"赞美别人"的好处。段中和段尾的"对……赞美；更加努力；取得……成果；关系亲密；赞美子女；更进步；学习成绩"是进一步对赞美的好处进行解释。

第 5、6 段比较短小，可以一起理解。"发现优点；赞美别人；受到尊敬；要注意的是；太过分"这些语块从两个角度说明"赞美别人"的优点和注意事项。

（3）看练习题目，找出重点语块并理解

这篇文章后面有三个练习题，分别是"根据文章内容选择正确答案""根据文章内容填空""根据文章内容选择填空"。第一、第三两题属于客观题，主要考查学生对文章大意和细节的理解，第二题是主观题，主要考查对文章中句子之间关系的掌握。教师在这一步先引导学生画出题目中的重点语块（见下文句中画线部分），再找出对应段落中的重点语块（下文句末括号内的部分），统一理解分析。

第一题中可以找出的语块如：

作者认为<u>如果</u>一个人<u>不会说话</u>，<u>就会</u>：（　　　）（不容易接受；让别人讨厌；即使……也……；不受欢迎；）

A．影响身体健康　　　　B．影响学习

C．影响交朋友　　　　　D．以上各项

第二题中可以找出的语块如：

在他们眼里，别人<u>这个</u>＿＿＿不好，<u>那个</u>也不好，最后，所有的人＿＿＿觉得他不好。（这个……那个……）

第三题中可以找出的语块为：

A.不是大家故意和他们过不去
B.学会赞美别人
C.要注意的是
D.只会让别人讨厌
E.一定会受到别人的尊敬和喜爱

　　一个人想要愉快地与别人交往,就应保持健康的心理,并且要　1　。

　　在生活中,有些人不讨人喜欢,主要原因　2　,而是他们在与人相处时总是对别人要求太高,造成矛盾。如果一个人话说得难听,　3　,慢慢失去朋友。

　　只有宽容地对待别人,才会和别人友好相处。一个善于发现别人优点并学会赞美别人的人,　4　。

　　不过,　5　,赞美别人千万不能太过分。

（4）完成练习

　　经过上面三个步骤,学生已经能基本建立起文章和练习题目的对应关系。在完成练习的过程中,教师还要提醒学生区分选择题的选项,分析填空题空格与已画出语块之间的搭配关系,注意所选语句与题干中语块之间的逻辑关联,辅助学生正确完成练习。

　　3.略读

　　我们以第2课文章四《登山去香山》(见附录一文章三)为例,进行教学步骤的设计。

　　（1）快速阅读每段的段首或段尾,划出关键语块(或词语),理解段落大意

　　在题解和导入环节,学生已经理解了题目中"登山"和"香山"这两个关键词。因略读规定时间较短,教师不再给出文章中的语块,而是请学生自行阅读每段的段首或段尾,找出与每一段大意相关的关键语块(或词语)。在学生完成后适当总结纠错,帮助学生理解段落大意和文章的基本结构,也为练习做好铺垫。

　　《登山去香山》每一段的关键语块(或词语)可以总结如下:

　　第1段:有益身心健康;好事情;

　　第2段:一座名山;

　　第3段:香山公园;

　　第4～8段:需要注意;合适的运动鞋;登山的时间;运动速度;雨天;对……了解;

　　第9段:总之;

（2）阅读练习题目，画出其中的关键语块（或词语），寻找文章中的相关内容

《登山去香山》文后有两道大题：根据文章内容判断正误，根据文章内容填空。教师引导学生找出题目中的关键语块或词语，并与文章段落建立起对应关系。

判断正误题如下（画线部分为语块或词语，句后括号中的内容为相对应的文章段落）：

①登山是一项<u>有益身心健康</u>的运动。（　　）（第1段）
②香山有多条山路可以<u>到达山顶</u>。（　　）（第2段）
③因为有的地方没有扶手，大人孩子上山、下山时都<u>不太安全</u>。（　　）（第2段）
④每天有<u>成千上万</u>人到香山健身和旅游。（　　）（第3段）
⑤登山过程中<u>不要休息</u>，如果感到疲劳可以<u>放慢速度</u>。（　　）（第6段）
⑥雨天不能去登山。（　　）（第7段）

填空题内容如下（画线部分为语块或词语，句后括号中的内容为相对应的文章段落）：

①登山是一项有益身心健康的运动，既_____，又_____。（第1段）
②香山公园空气新鲜是因为_____。（第3段）
③登山需要准备一双_____，应多穿几件_____；登山过程中，不宜____；_____也不影响登山；如有心脑疾病时_____；老人登山，最好_____。
（第5～8段）

（3）完成练习

基于以上两个步骤的阅读，学生已清楚锁定每个题目对应的内容，教师只需提醒学生注意判断题的表达是否与原文一致，填空题应完整呈现原文内容，即可顺利高效完成练习。

4.查读

我们以第7课实用阅读《食品包装袋》（见附录一文章四）为例，进行教学步骤的设计。

（1）看练习题目，找出相关语块

与细读、通读和略读不同，查读只需快速阅读并查到需要的信息即可，因此在教学中我们抛开原文，请学生先看文后的练习。《食品包装袋》这篇文章后面只设有"根据说明文字回答问题"一个练习，教师要引导学生阅读题目，并画出练习题目中的重点语块（句中画线部分），通过简单的讨论明确问题的含义（见题目后括号）。

练习如下：

①这是什么食品？（食品的名称）
②这种食品在什么时间前吃是安全的？（食用时间）
③怎么吃？（食用方法）
④这种食品的特点是什么？（食品特点）

（2）找出文中的相关语块，完成练习

基于上一步骤，引导学生在文章中快速找到对应的内容，画出相关语块，并用简洁的语言书写答案。

问题一：对应文章中的大标题"甘泉玉米方便粥"，回答可简化为"玉米方便粥"。

问题二：对应"保质期"和"生产日期"两个语块，据此可回答"在 2010 年 9 月 1 日前吃是安全的"。

问题三：对应"食用方法"一个语块，可回答"倒入沸水、搅拌均匀"两个重点语块。

问题四：对应"产品介绍"一个语块，可回答"营养丰富、食用方便"。

（三）总结

在完成细读、通读、略读、查读共 5 篇文章的教学后，教师应带领学生一起总结阅读技巧和方法，突出语块在阅读过程中的重要作用。通过以上教学步骤的设计，我们可以将四种阅读方式的步骤和技巧总结如下：

（1）细读
①读两遍文章，一遍关注大意，一遍注意细节；
②语块的理解是文章理解的重点；
③通过语块建立练习题目和文章之间的联系；
④关注文章重点语块及其周边成分，提高判断、选择题的正确率；

⑤通过重点语块理解文章的思想、文化内涵。

（2）通读

①读一遍文章，通过语块概括段落大意；

②以文章与题目中的语块标注和理解作为阅读的主线；

③分段建立题目和文章的对应关系，并完成练习。

（3）略读

①只读段首或段尾的重点语句，抓住关键语块理解段落和文章大意；

②通过练习题目中的重点语块回溯对应的文章内容；

③紧密结合原文完成练习。

（4）查读

①不读文章，先看练习题目，找出重点语块；

②带着题目中的语块查找文章中的相关语块和内容；

③结合原文，精简语块，完成练习。

从以上总结来看，语块在细读、通读、查读、略读中都起到重要作用，理解文章和练习题目中的语块是高效阅读并完成练习的根本。针对不同阅读要求的文章，差别仅在于阅读几遍、先读文章还是先读练习题目、阅读全文还是部分段落等方面。

二、教学重点

1.选择语块

语块的选择是阅读课的一个重要内容，语块来源于文章，选择哪些、如何选择有一定的技巧。在阅读课堂上，细读和通读由老师给出文章中的语块，略读和查读则由学生来选择，练习题目中的语块均由学生来选择，这是一个由"老师给出语块并加以引导"到"学生自行选择语块"的过程，也是语块意识培养和提升的过程。

在细读和通读环节，教师提前熟悉文章内容和练习题目，掌握文章大意并了解练习考查的知识点，再从文中选择语块，要做到语块大小合适，数量适中。在略读和查读环节，教师要引导学生依据细读和通读的阅读经验，从文章和练习题目中选择合适的语块，并予以适当纠错，使学习者能快速抓住主要语块并在规定时间内完成练习任务。

2.理解语块，把握练习与文章的关联

在阅读教学中，语块的理解不是孤立的，而是与文章和练习题目紧密联系，在关联二者的基础上进行的。有时，练习题目中的语块和文章中的语块可以形成一对一的互相解释关系。如《学会赞美别人》中的一个选择题：

根据文章内容,表达"人与人之间的关系很好很近",应该说:(　　)。
A.关系亲近　　　　B.关系亲密　　　　C.关系亲爱　　　　D.关系亲热

这道题的正确选项 B"关系亲密"来源于文章第 4 段,与"关系很好很近"表达相同的意思。

有时,练习题目中的语块和文章中的语块是多对多的关系,需要教师先引导学生理解题目中的语块,再去寻找文章中的对应语块并加以解释。如《食品包装袋》中的一个问答题:

这种食品在什么时间前吃是安全的?

这个问题中有两个关键语块"在什么时间前""是安全的",学生很容易理解"时间",但容易忽略"安全",教师要引导学生先将这两个条件结合起来,再去文中寻找相关语块,就可以找到"保质期"和"生产日期",再据此推断出问题的答案。

三、特别提示

前文提出的教学步骤和教学重点,是就语块教学法在阅读课中的具体实施来说的,每一个教学环节都围绕着语块教学来进行。在此特别提示老师们注意:首先,语块的选择要紧贴课文和练习题目,语块的理解同样离不开练习和课文,要时刻注意二者的关联和对应。其次,要注意语块教学与阅读技能训练的融合,针对细读、通读、略读、查读四种不同的阅读方式,既要以语块为主线又要在方法和步骤上加以灵活变换。再次,要注意阅读技巧的总结,引导学生根据不同的阅读话题,积累常用语块,通过语块的积累提升阅读背景知识,逐步提高阅读水平。

第六节　语块教学法与汉语常用介词习得

我们在第二章第四节谈到,介词是现代汉语词汇系统中重要的一类虚词,也是汉语作为第二语言教学的重点和学习者习得的难点。介词与介词的宾语、介宾短语的后续成分都存在意义上的关联，如"对……来说""给……买……""为……准备……""跟……打招呼"等在汉语中大量存在，可作为介词语块进行整体教学。

　　语块法引入汉语二语词汇教学的时间不长，已有研究多停留在教学对策的设计和介绍上，就某一类词语进行语块教学研究、探讨习得规律、总结教学得失的文章还不多见，专门研究介词语块教学作用的成果更是少之又少。本节以中级汉语水平来华留学生为研究对象，以"对、跟、给、为"四个介词为例，通过教学实验、问卷调查、个别访谈的方法，讨论语块教学法对汉语常用介词习得的作用。

一、教学实验

　　以厦门大学海外教育学院两个自然班的中级水平来华留学生 42 人为对象，这 42 人都参加了学院组织的入学分班测试，被分在相同等级的班级。开学初，随机将一个班作为实验组（20 人），采用语块教学法；另一个班作为对照组（22 人），采用传统的教学方法。4 名被试没有完成全部测试（实验组 2 人，对照组 2 人），因此剔除这 4 名被试的数据后，对剩下的 38 名被试（实验组 18人，对照组 20 人）的数据进行研究分析。

（一）实验材料

根据教学中"对""跟""给""为"的常见偏误，我们从三方面设计实验材料。

（1）近义介词辨析测试。采用单选题的形式，共10题。如：

您（　　）我太好了，真的要谢谢您！
A.对　　　　B.跟　　　　C.给　　　　D.为

（2）介宾短语在句中的位置判断测试。采用单选题的形式，共8题。如：

（　　）跟朋友　A 下午 B 我 C 见面 D。

（3）介词语块的产出水平测试。采用写句子的形式，鼓励被试写出多个不同的句子，共5题。如：

A：游泳和跑步，你更喜欢哪个？为什么？（对）
B：①＿＿＿＿＿＿＿＿＿＿。

② ＿＿＿＿＿＿＿＿＿＿＿。
③ ＿＿＿＿＿＿＿＿＿＿＿。

（二）实验过程和评分标准

在实验开始前一周（开学初）进行前测，期末考试前进行后测，两次测试均包括近义介词辨析测试、介宾短语在句中的位置判断测试、介词语块的产出水平测试。

两个班级使用的教材相同，教学进度相同，由同一位任课教师进行教学，每周 1 课，每周 10 个课时，整个学期共 17 周。实验组采用语块教学法进行教学，在所有的教学环节突出语块，通过语块带动生词的学习、课文的理解、语言点的讲解、练习的完成。对照组按照传统的教学方法进行教学，同样分为生词、课文、语言点、练习等，不特意展示、突出、提示或强调常用语块。

在两次测试中，"近义介词辨析测试"和"介宾短语在句中的位置判断测试"属于客观题，每题正确记 1 分，错误记 0 分，总分共 18 分。"介词语块的产出水平测试"属于主观题，每题满分 9 分，总分 45 分，我们请两名评分员分别从语块运用的正确性、丰富性、适切性三方面打分，并取其平均分作为最后得分。

（三）实验结果

表 3-2　两组被试前测和后测总成绩的平均数

测试	组别	平均数
前测	实验组	28.72
	对照组	40.3
后测	实验组	45.67
	对照组	40.55

根据表 3-2，对照组被试前测总成绩的平均数高于实验组，实验组被试后测总成绩的平均数已经赶上并超过对照组，实验组被试后测总成绩平均数较前测有较大提高，而对照组被试后测和前测总成绩的平均数基本没有变化。

对两组被试前测和后测总成绩进行独立样本 t 检验，前测 $t(36)=-4.132$，$p<0.05$，后测 $t(36)=1.643$，$p>0.05$，这一结果说明两组被试前测总成绩存在显著差异，后测总成绩不存在显著差异。对同一组被试两次测试总成绩进行配对样本 t 检验，实验组 $t(17)=-8.861$，$p<0.05$，对照组 $t(19)=-0.116$，$p>0.05$。这一结果说明实验组后测总成绩较前测有显著差异，而对照组两次测试总成绩不存在显著差异。

　　综合以上结果，经过 17 周的教学实验，实验组被试后测总成绩较前测有显著提高，对照组被试两次测试总成绩无显著变化。本研究设计的"对、给、跟、为"四个介词的测试是学习者在初级阶段已经学习过的旧的词汇知识，这一研究结果启示我们，语块教学法有助于帮助学习者复习并巩固已有的介词汇知识，提高介词习得水平。

二、问卷调查

（一）问卷设计

　　"对""跟""给""为"四个介词是汉语第二语言学习者在初级阶段课堂学习过的四个介词，在教学实验开始前和结束后，我们对实验组 18 位学生分别进行了两次问卷调查，以此来对比语块教学法实施前后学习者在这四个介词习得方面的变化。

　　学期初的调查（问卷一）共 11 题，见表 3-3：

　　亲爱的同学，我们在一年级已经学习了"对""跟""给""为"四个介词和它们的用法。你同意下面的说法吗？请在合适的选项下面打"√"。

表 3-3　问卷一

题号	题目	完全不同意	不同意	说不准	同意	完全同意
1	我觉得它们很重要。					
2	我觉得自己有很多问题。					
3	我分不清它们的意思。					
4	我不知道它们在句子里的位置。					
5	我不知道它们应该和哪些词一起用。					
6	我学习"对"时遇到的问题最多。					
7	我学习"跟"时遇到的问题最多。					
8	我学习"给"时遇到的问题最多。					
9	我学习"为"时遇到的问题最多。					
10	我希望老师专门讲一讲这四个词。					
11	如果你第 2 题选择了"同意"或"完全同意"，请把你的问题写出来，可以用英语或拼音。					

学期末的调查(问卷二)共 17 题,见表 3-4：

亲爱的同学,我们本学期学习了很多带有介词的常用语块,关于"对""跟""给""为"四个介词和它们的用法,你现在的情况如何,你同意下面的说法吗？请在合适的选项下面打"√"。

表 3-4　问卷二

题号	题目	完全不同意	不同意	说不准	同意	完全同意
1	我觉得它们很重要。					
2	我觉得自己还有很多问题。					
3	我分不清它们的意思。					
4	我不知道它们在句子里的位置。					
5	我不知道它们应该和哪些词一起用。					
6	与"对"有关的问题我都懂了。					
7	与"跟"有关的问题我都懂了。					
8	与"给"有关的问题我都懂了。					
9	与"为"有关的问题我都懂了。					
10	老师讲生词的时候,会强调有些词语和它们一起用,这个方法很好。					
11	上课的时候,老师让我们在文章中画出词语和它们搭配的词语,这个方法很好。					
12	老师会让我们做一些和语块有关的练习,这个方法很好。					
13	老师会讲解我们做语块练习的错误,告诉我们注意什么,这个方法很好。					
14	老师会让我们用语块写句子,写得越多越好,这个方法很好。					
15	我觉得自己提高了很多,我很满意。					
16	在上面的题目中,10、11、12、13、14 是老师的五种教学方法,请根据你的情况,按照"最喜欢—最不喜欢"的顺序排列。					
17	如果你第 2 题选择了"同意"或"完全同意",请把你的问题写出来,可以用英语或拼音。					

（二）结果分析

两次调查均发放并收回问卷 18 份，无效问卷为 0 份，有效问卷 18 份。根据李克特量表，我们将问卷中选择题的选项进行赋值：完全不同意 1，不同意 2，说不准 3，同意 4，完全同意 5。

问卷一 1~10 题的调查统计结果见表 3-5。

表 3-5　问卷一 1~10 题统计结果

学生	1	2	3	4	5	6	7	8	9	10
A	5	4	3	4	4	4	2	2	4	4
B	4	4	4	3	3	3	3	4	5	4
C	5	3	3	2	2	3	2	2	1	3
D	3	4	4	5	4	2	3	4	5	5
E	4	3	2	2	2	1	1	3	4	4
F	5	4	4	2	5	1	2	5	4	4
G	4	4	4	3	4	3	3	3	4	5
H	3	4	3	4	2	2	2	3	4	4
I	4	3	4	3	3	2	2	2	4	4
J	5	5	4	4	4	2	2	4	5	5
K	5	4	4	4	5	4	4	5	5	5
L	2	1	2	1	1	3	2	2	1	4
M	5	4	2	2	2	2	2	2	2	4
N	4	4	2	2	4	2	4	2	4	5
O	4	2	2	2	2	2	2	2	2	4
P	4	4	4	3	3	3	2	3	4	4
Q	5	4	3	4	4	4	2	2	5	4
R	5	4	4	4	4	4	3	4	5	5

问卷二 1~15 题的调查统计结果见表 3-6。

表 3-6　问卷二 1～15 题统计结果

学生	1	2	3	4	5	6	7	8	9	10	11	12	13	14	15
A	3	2	4	3	4	4	5	4	4	5	4	5	5	5	5
B	4	3	4	4	3	4	4	3	1	3	4	4	3	4	3
C	4	3	2	2	2	4	5	5	5	4	4	4	4	4	5
D	2	4	3	2	2	2	2	2	3	5	4	5	4	5	5
E	5	3	1	2	2	5	5	3	5	5	5	5	4	5	4
F	4	2	2	1	1	4	5	5	4	4	3	4	3	5	4
G	5	2	2	2	2	2	1	2	3	5	5	5	5	5	4
H	4	2	2	2	2	4	3	5	4	5	4	5	4	4	4
I	5	3	2	2	2	5	5	3	5	4	5	5	4	5	5
J	5	4	2	2	2	2	2	2	2	5	4	5	5	4	4
K	5	4	3	2	2	4	4	3	4	4	4	4	4	4	4
L	5	2	2	2	2	4	4	3	3	5	4	4	4	4	4
M	5	4	1	4	1	4	4	4	4	4	4	4	4	4	4
N	5	2	1	1	2	4	4	4	5	4	4	5	4	4	4
O	4	2	2	3	2	4	4	3	4	4	5	4	4	4	4
P	4	4	2	3	4	2	4	2	2	5	4	4	4	4	4
Q	5	4	2	2	3	4	4	3	4	4	5	5	5	4	4
R	5	2	2	2	2	4	4	3	4	5	5	5	5	4	5

根据问卷题目设计,问卷一的调查包括三部分内容:(1)四个介词的重要性(题目 1);(2)学习中的问题(题目 2～9,11);(3)自己的希望(题目 10)。问卷二的调查包括四部分内容:(1)四个介词的重要性(题目 1);(2)学习中的问题(题目 2～9,17);(3)教学方法(题目 10～14,16);(4)自己的满意度(题目 15)。我们通过调查数据的分析来观察教学实验前后学习者在"对""跟""给""为"四个介词习得方面的变化。

1.四个介词的重要性

在教学实验开始前和结束后,学习者始终认为四个介词十分重要,调查的平均值都很高,均在 4 分以上。见表 3-7:

表 3-7　两次问卷调查题目 1 得分均值

题目	问卷一	问卷二
1	4.22	4.39

2.学习中的问题

在教学实验开始前,学习者在学习过程中遇到的问题统计见表 3-8：

表 3-8　问卷一题目 2～9 得分均值

题目	2	3	4	5	6	7	8	9
均值	3.61	3.22	3.06	3.17	2.83	2.33	2.83	3.83

从题目 2、3、4、5 的得分均值可以看出,学习者在四个介词的意思、位置、搭配方面都存在问题。从题目 6、7、8、9 的均值可以看出,在教学实验开始前,学习者认为在四个介词中,问题最多的是"为",其次是"对"和"给",问题最少的是"跟"。题目 10 的均值为 4.28,可以看出学习者在四个介词学习方面的愿望十分强烈。

通过分析问卷一 11 题的结果,我们得知,在开学初期,学习者的问题主要包括以下几个方面：(1)发音不好；(2)不清楚"为"的意思和用法；(3)觉得"给"是一个动词；(4)与自己的母语意思不同；(5)不清楚这些词在句中的位置,应该和哪些词搭配；(6)不知道什么时候用"给"和"为",易混淆；(7)只知道大概意思,不会用；(8)课文上介绍得不太清楚；(9)不清楚"对"和"给"怎么用；(10)不清楚四个词的区别。

在教学结束后,学习者在学习过程中的问题统计见表 3-9：

表 3-9　问卷二题目 2～9 得分均值

题目	2	3	4	5	6	7	8	9
均值	2.89	2.17	2.28	2.22	3.67	3.83	3.44	3.22

从题目 2、3、4、5 的得分均值可以看出,在教学实验结束后,"对""跟""给""为"四个介词的问题都得到了不同程度的解决,从题目 6、7、8、9 的均值可以看出,"跟"的问题解决最多,"为"依然是学习者的难点所在,与实验前的调查数据高度吻合。

通过分析问卷二 17 题,我们得知,在学期结束后,学习者存在的主要问题有：(1)不理解"为"的意思,特别是它的用法；(2)分不清四个词什么时候用,特别是"为";(3)看得懂,听得懂,可是说不出正确的句子;(4)不能分辨"对"和"为","为"是最难的。

3.教学方法

表 3-10 问卷二题目 10~14 得分均值

题目	10	11	12	13	14
均值	4.61	4.11	4.67	4.44	4.39

依据表 3-10,从问卷二 10~14 题的得分均值可以看出,学习者对问卷中列出的五种教学方法认可度很高,为详细了解他们的喜好顺序,我们对问卷二16 题进行了分析,表 3-11 为学习者选出的"最喜欢"和"最不喜欢"的教学法人次。

表 3-11 问卷二中学生"最喜欢"和"最不喜欢"的教学法人次

题目	10	11	12	13	14
最喜欢	8人	1人	4人	3人	2人
最不喜欢	2人	11人	1人	1人	3人

可见,老师在讲解生词的时候,强调介词和其搭配的词语,是学生比较喜欢的一种教学法,适当进行一些语块类练习也比较容易让学生接受,但是在课文中寻找词语和其所构语块的做法,并不能引起学生的学习兴趣,这可能与学习者阅读课文时注意力集中在语句的理解,不喜欢思路被打断有关。因此,教师在实施语块教学法时,要注意选择学生易于接受的形式和合适的教学环节,比如可以将语块标注的任务放在阅读课文之后的理解环节。

4.学生的满意度

在教学实验结束后,问卷二题目 15 的均值为 4.16,这说明学习者虽然还存在一些问题,但普遍认为自己在四个介词的习得方面有所提高,感到满意。

三、个别访谈

(一)访谈设计

为了深入了解学生的个体差异,我们分别在前测和后测结束时,对四位学生进行了个别访谈,这四位学生在班级的汉语水平为:A—好,B—较好,C—中等,D—较差。他们在前测和后测的得分情况见表 3-12。

表 3-12　受访者两次测试的得分情况

受访者	前测 part1	前测 part2	前测 part3	前测总分	后测 part1	后测 part2	后测 part3	后测总分
A	8	8	24	40	9	8	45	62
B	6	5	27	38	8	6	38	52
C	6	2	17	25	8	4	33	45
D	6	0	7	13	10	5	29	44

访谈问题设计如下：

第一次访谈：

①你觉得这些题目难吗？哪部分最难？

②在做第一部分时，你遇到的问题有哪些？最大的问题是什么？

③在做第二部分时，你遇到的问题有哪些？最大的问题是什么？

④在做第三部分时，你遇到的问题有哪些？最大的问题是什么？

⑤关于"对"，你的问题有哪些？最难的问题是什么？

⑥关于"跟"，你的问题有哪些？最难的问题是什么？

⑦关于"给"，你的问题有哪些？最难的问题是什么？

⑧关于"为"，你的问题有哪些？最难的问题是什么？

⑨在四个介词中，最难的是哪个？为什么？

第二次访谈在第一次访谈的 9 道题之外，再加上 3 道题：

⑩你觉得老师上课的方法对你有帮助吗？哪种方法最好？

⑪这次测试你比上次进步了吗？哪些部分进步了？哪些词语进步了？

⑫还有其他的问题吗？

（二）访谈结果

表 3-13　第一次访谈结果整理

问题	受访者 A	受访者 B	受访者 C	受访者 D
1	不太难，第三部分比较难	很难，第一部分最难	很难，第二部分最难	第一、第二部分不太难，第三部分很难
2	认识，懂意思，不知道用法	认识，懂，但是四个词意思很像，特别是"对"和"为"	分不清"对"和"为"	英文翻译的问题

续表

问题	受访者 A	受访者 B	受访者 C	受访者 D
3	会用母语来思考	句中有生词没学过	不知道放哪里	不明白做题的方法
4	很多字不会写,写出来不知道对错	句子结构	不知道怎么用	不会写汉字,句子写得不地道
5	"对+人+……"有点儿难	不知道放在什么地方,跟哪些词搭配	意思不清楚,不能区分"对"和"为"	跟英文的 for 不一样
6	还好	没有	没有	"跟"后面不加名词的时候,不明白
7	还好	没有	没有	不明白"给"的用法
8	"为"和"为了"弄不清楚,"为"的用法不太懂	"为",和德语翻译不同	"为"的意思不清楚,不能区分"对"和"为"	不明白"为"的句子
9	"为"	"为"	"为"	"为"

表 3-14　第二次访谈结果整理

问题	受访者 A	受访者 B	受访者 C	受访者 D
1	不难了,虽然还有一些问题,但可以用它们。要注意它们跟哪个词在一起	不太难,但是"为"还有问题,第二部分有时候不知道在哪个地方	比较简单,还是第二部分最难	进步了,第二部分最难
2	没有看清楚句子,选错了一个题	有些生词不认识	有些生词忘了	喜欢用英文翻译
3	没问题	如果遇到生词,会用词性的方法判断位置	很多字不认识	忘了汉字的意思
4	不能想出来每个词的不同用法,写出不一样的句子	要想很长时间	只能想出词语的一个用法	介词和动词分不清,用法不清楚

续表

问题	受访者 A	受访者 B	受访者 C	受访者 D
5	没有	没有	没有	没有
6	没有	没有	没有	只会"跟……一样"，不会其他的
7	没有	没有	没有	它的位置
8	"为"，不能把"为"和 for 弄清楚	不清楚"为"是"为了"还是"因为"，现在开始慢慢清楚	忘了"为"除了"为了"以外的其他意思，不知道在句子里的位置	"为"的用法，只知道意思是 for，不知道怎么用
9	"为"	"为"	"为"	"为"
10	老师上课的方法有帮助，练习是最有用的，像第三题这样的练习	老师的方法有帮助，练习是最好的办法，还要多和中国人说话，听他们怎么用	老师的方法有帮助，要多练习，要注意课文中的句子	老师的方法很好，要多复习
11	跟第一次感觉差不多，比较满意	第三部分进步最大，"对"的进步最大	比第一次满意，但是还要学更多的汉字	觉得进步，比上次感觉好一些。第一部分进步最大，"给"进步最大。知道了第二题的方法，懂得看句子里的词语来搭配
12	没有问题	"为"是最大的问题，不常用，怕说错	没有	"为"

（三）分析

先看受访者对两次测试的总体感觉。四位受访者中有三位都觉得前测很难，他们的难点存在差异，水平较好的受访者 A 虽然认为整体不难，但第三部分比较难。可见，无论汉语水平高低，进入中级阶段后，学习者对初级阶段学过的四个介词掌握的情况并不好。经过一个学期的教学实验，四位受访者均感觉后测不太难，较前测变得简单。前后两次访谈形成鲜明对比，与前后两次的测试成绩相互印证，说明了语块教学法对于提高学习者的介词习得效果有帮助。

再看受访者对每一部分测试的感觉。第一部分,前测结束后,受访者的问题在于区分不清四个介词的意思和用法,特别提到了"对"和"为",这可能与母语的影响有关,有学生习惯将汉语翻译成母语去理解;后测结束后,问题变成了词汇量的限制和错误的做题习惯,母语的影响依然存在。第二部分,前测结束后,受访者的问题包括母语的干扰、词汇量的限制、介词结构在句中的位置、做题的方法;后测结束后,依然存在词汇量的限制问题,但是有学生已经学会了根据词性来判断词语位置的方法。第三部分,前测结束后,受访者的问题主要在于汉字的书写、句子的语法结构、介词语块的用法;后测结束后,问题变为对介词的用法掌握不全面,分不清介词和动词的区别。从上述关于三个部分测试的两次访谈对比来看,受访者后测感觉均好于前测,问题变少,受访者能更清楚具体地表达自己的问题所在,对自己的不足认识更加清楚。

接着看受访者对"对、跟、给、为"四个介词的看法。就"对"来看,前测结束后,受访者的问题包括"对"的语块结构、"对"与相似介词的区分、"对"与英文翻译的区别、"对"在句中的位置;后测结束后,以上问题均已解决。就"跟"和"给"来看,前测结束后,三位受访者没有问题,仅一位受访者不明白"跟"的搭配词语和"给"的用法;后测结束后,这位受访者的问题依然存在,但是已经掌握了"跟"的一种搭配,对自己学习"给"的问题也更加清楚,指出是"它的位置"。就"为"来看,前测结束后,受访者的问题包括"为"的意思和用法、母语翻译的影响、"为"和其他介词的区分,问题多而笼统;后测结束后,问题依然存在但是变得更具体,受访者能知道"为"的几个具体用法,但是尚不能区分清楚,"为"的英文翻译影响依然存在。在前后两次访谈中,受访者一直认为"为"是四个介词中最难的一个。从以上四个介词的两次访谈来看,四个介词的习得效果均有提高,但是不同介词的习得难度不同,语块教学法的效果也存在差异,"为"是难度最大的一个介词,"对"次之,"跟"和"给"相对容易。

最后看受访者对教师教学方法和自己学习的满意度。四位受访者均认为自己有了进步,同时他们认为老师的教学方法对自己有帮助,并一致认为练习是最好的方法,也有受访者提出要注意课文中的句子、多和中国人交流等,这些结论和问卷调查基本吻合,印证了语块教学法的有效性。

四、结论

通过教学实验、问卷调查和个别访谈,我们看到了语块教学法对于提高汉语二语学习者介词习得水平的作用,但是由于教学实验实施时间较短,语块教学法的长效作用还有待于进一步研究。同时,我们也看到,语块教学法实施一学期后,学习者仍存在介词习得方面的问题,一些教学难点（如介词的多种意义和用法、介词与学习者母语翻译的不一致性等）依然存在,学习者还需要花费更长时间去解决这些问题。这种结果也提示我们,任何一种教学方法都不是万能的,在课堂上要注意其应用的关键环节和方法,也要多与学习者进行沟通,不断进行完善。

第四章　教材篇

第一节　从语块理论看汉语二语教材编写①

近年来,汉语国际教育事业在世界各地大举开展,学习汉语的学生数量再创新高。汉语学习者数量多、分布广、需求各异的特点,使"三教"(教师、教材、教法)问题成为制约汉语国际教育发展的瓶颈问题和学界讨论的热点问题。教材作为教学活动的媒介,一直面临着数量多和实用性不强的矛盾与尴尬,教材谋求突破和创新,"既要继承和发扬汉语教学和教材编写中的优良传统,也要借鉴和吸收二语教学先进的教学理念和方法"②,本节借鉴语块理论,对现有通用的汉语作为第二语言教材进行分析与考察,并提出修改意见。

一、汉语教材③的现状与困境

根据我们对"全球汉语教材库"的检索结果,1980—2000 年 20 年间海内外共出版教材 2858 种(册),2001—2017 年 17 年间共出版 15838 种(册)教材,相当于前 20 年的 5 倍多,可见汉语教材数量增长之快。在教材数量大增的背后,依然是教材呈现的诸多问题,这些问题有的由来已久,有的则是随着汉语国际传播的新形势而出现的,大致包括两大方面。

(一)教材本体要素的问题

教材本体要素可分两方面:一是教材宏观的编写理念、体例结构及编排原则;二是教材各板块的具体编排。

---

① 本节内容曾以"从语块理论看汉语作为第二语言的教材编写"为题载于《高等教育教学实践探索——厦门大学解决方案》一书中,厦门大学出版社 2020 年版,此处有改动。

② 姜丽萍.汉语教材编写的继承、发展与创新[J].华文教学与研究,2018(4):12.

③ 本节所说的"汉语教材"即汉语作为第二语言的教材,下同。

　　统观教材研究的综述性文章，宏观层面的问题大致包括：教材数量多而质量参差不齐；教材编写理念过时，对新的教学模式关注不够，更新不及时；教材在整体编排上缺乏实用性、趣味性、系统性；教材定位不够清晰；综合课与其他课型教材的配合度低；等等。随着汉语国际教育的开展，教材编写逐步显现出一些新问题，如：没有处理好通用型教材和国别化教材的关系；数字化立体化教材建设不足；教材多元化程度不够；教材缺乏对学习者文化背景的考察；教材不注重中外文化的对比和不同文化之间的关联；等等。

　　在微观层面，教材各版块编排的体例和内容也存在问题。体例上，大部分教材设计传统老套，基本模仿国内语文教材体例，注重传统课堂讲授，对第二语言学习环节的展示不够清晰，如：课前环节缺失或轻描淡写；课堂环节涵盖板块多，师生分工不明；课后环节题量大，练习的有效性尚待提高。内容上，与教材生词、课文、语法／语言点、练习四大板块的设计体例相匹配，教材往往在不同板块侧重某一种语言要素或语言技能的训练，导致不同语言要素和语言技能之间的关联被割裂，容易降低整体习得汉语的效果。

　　（二）教材与使用方对接的问题

　　教材是教学活动的媒介，是连接教师和学生的桥梁，也是学习者习得目的语的主要材料。好的教材要与教师和学习者的需求对接，既能以充实的材料、科学的设计满足教师开展教学活动的需求，又能符合学习者的年龄特点、实际水平、学习目的、兴趣爱好等。

　　从已有的研究成果来看，教材在话题的选择、语言材料的编写等方面与学生生活脱节的问题一直存在，真实性和趣味性有待提高[1]；一些项目（如生词的翻译、语法点的讲解、练习的形式等）的编排不科学、不实用，需要教师花费大量时间重新处理，以目前来华留学生广泛使用的教材《发展汉语》为例，依然存在较多词汇译注的错误和不对等情况[2]；国别化教材与所在国（地区）的对接问题更多，许多教材还只是停留在"注释本"的阶段，或者采用"一版多本"的方式[3]，很难与所在国（地区）的"国情""民情""地情"相适应[4]。

---

[1] 杨凯.真实性原则与对外汉语教材中的语料选择[J].现代语文（学术综合版），2014（8）：99-100，101.

[2] 温竹馨.浅析对外汉语教材生词英译的问题及对策——以《发展汉语中级综合》为例[J].海外华文教育，2016（2）：197-205.

[3] 周小兵，陈楠."一版多本"与海外教材的本土化研究[J].世界汉语教学，2013（2）：268-277.

[4] 李如龙.论汉语国际教育的国别化[J].语言教学与研究，2012（5）：11-17.

以上两个方面的问题一体一用,互为表里。在国际中文教育的大背景下,要解决以上两方面的问题,我们试着将视角转向学习者和汉语本身,从学习者的需要和汉语的本体特征出发,寻求汉语教材编写的新思路。

二、语块是连接学习者和教材的桥梁

(一)学习者的主体性与语块

学习者是教学活动的主体,汉语教学的最终目的是提高学习者的汉语水平和汉语交际能力。在西方国家的二语教学中,"以学生为中心"的理念表现得非常突出,如美国的 5C 标准、加拿大的四项要求、澳大利亚的两个原则[①]。在语言教学中,只有抓住语言习得的关键要素,才能激发学习者的兴趣和主动性,真正体现"以学生为中心"。

"语块"(chunk)在自然语言中大量存在,Nattinger&De Caricco 谈到语块是"语言习得的中心",Lewis(1993)提出语言习得的关键是掌握、输出词块的能力,教师在教学过程中不要孤立地将词汇和语法的讲解分割开来,而应引导学生注重记忆和分析带有语法功能的词汇的组合,也就是说通过语块来构建语言体系。在对外汉语教学领域,周健(2007)、钱旭菁(2008)、亓文香(2008)等很早就阐述过语块对第二语言学习者习得汉语的价值和作用。可见,"语块"是联系实际语言现象和学习者之间的纽带,语块习得是二语学习的重要环节。在第二语言教学中,抓住"语块"符合学习者的普遍认知规律,能发挥其主体性,提高教学效果。

(二)教材的功能与语块

教材是教学活动的三大要素之一,李泉、金允贞明确提出"用之于教学"是对外汉语教材的基本功能,"学习教材"的目的是通过理解和模仿教材所提供的范例和范本来掌握汉语的结构规则、组合规则和运用规则,进而在创造性地使用汉语的过程中掌握汉语[②]。可见,汉语的结构规则、组合规则和运用规则是对外汉语教材所要呈现的根本内容,也是实现教材"用之于教学"功能的基础。关于汉语结构规则的探讨由来已久,在句子、小句、短语、词、字等单位中,哪一级单位既能体现汉语的基本结构组织规则,又长短适度、便于理解、记忆和运用?我们将目光转向了语块理论。

---

① 罗春英,张燕军.对外汉语教材编写的对象国适应性问题研究——基于美国大学权威性汉语教材编写特点的分析[J].中国高教研究,2014(2):95-99.

② 李泉,金允贞.论对外汉语教材的科学性[J].语言文字应用,2008(4):108-117.

语块是语言中的一种预制性单位，可以在人脑中整体存储和提取，其心理现实性已经在相关的实证研究中得到证明（易维、鹿士义，2013；詹宏伟，2012）。在对外汉语教学领域，不少学者提出要将语块作为教学内容，在教学中实施语块教学法。在教材编写中，若能打破传统做法，将常用字、常用词、常用语法结构组成常用语块并突出显示，既体现汉语的基本机制和结构规则，又能实现教材的基本功能，也便于学习者整体理解、记忆和运用，可谓一举三得。

目前学界对教材语块关注不多，李慧（2013）认为教材语块呈现的不明晰对学习者语块的习得与使用造成了一定的影响。根据语块理论，二语教学应该强调词汇和语法的融合而不是独立，目前的对外汉语教材大多还是基于传统的词汇/语法二分体系编写的，对词汇和语法的关联性重视不够，有意识凸显语块地位、强化语块习得的内容更少，这种现状造成教材的实用性不强，影响了教材基本功能的实现。

三、汉语二语教材中的语块编排考察

我们就使用广泛的两部对外汉语教材——《发展汉语》和《成功之路》中的综合教材①进行分析，探讨两套教材在语块编排方面的共同特征、差异以及存在的问题。

（一）呈现板块

在两套教材中，对汉语语块均有所呈现的有生词、语言点、课文注释、练习这几大板块。生词中的语块主要包含一些离合词（如"睡觉、出差"），高频搭配（如"电子词典"），固定搭配或成语/四字词语（如"一帆风顺、气喘吁吁"），习用语（如"对不起、没问题"）；语言点中的语块主要是一些句式框架结构（如"当……的时候、宁可……也不……"）；课文注释中的语块主要是一些惯用语和固定格式（如"瞧不起、有……什么事"）；练习中的语块主要是对生词和语言点中语块的操练和运用。

这几个板块编排整齐划一，系统性强，但将语块与其他语言项目糅合在一起，使每个板块担负的功能增多，容易使教师和学习者将注意力集中在一些传统的语言项目上，而忽略语块在汉语学习中的地位和作用。

---

① 《发展汉语》的综合汉语教材共三级六册，分为《初级综合Ⅰ》《初级综合Ⅱ》《中级综合Ⅰ》《中级综合Ⅱ》《高级综合Ⅰ》《高级综合Ⅱ》。《成功之路》综合教材共16册，按进阶式水平系列分为《入门篇》《起步篇》《顺利篇》《进步篇》《提高篇》《跨越篇》《冲刺篇》《成功篇》，其中《入门篇》1册，《进步篇》3册，其他各篇均2册。

（二）呈现方式

语块的呈现方式分为直接呈现和间接呈现两种，"直接呈现"是教材有意识地对语块的凸显与展示，是对语块有意识的收录，其同级单位一般为词，学习者看到这类语块会直接将其作为一个整体习得使用；"间接呈现"是指教材给予语块独立呈现的机会，但是其语块的身份并未得以完全显示，教材将其与其他自由词组混同在一起[①]。

两套教材的语块均包含直接呈现和间接呈现两种方式。直接呈现主要集中在生词、语言点、课文注释和一些练习中，生词中直接呈现的语块最多的是成语和固定短语，如"乐此不疲、高等教育"；语言点中直接呈现的语块最多的是句式框架结构和固定短语，如"凡是……都、要不然"；课文注释一般以脚注的形式呈现，多为一些习用语，如"没怎么、好不容易"；练习中直接呈现的语块一般为生词和语言点中的语块。间接呈现在两套教材中较少见，只有《成功之路》进步篇中的"词语扩展"、《冲刺篇》和《成功篇》中的"词语搭配"属于间接呈现，列出重点词语的一些常用组合。

（三）分布和覆盖率

从分布来看，两套教材从初级到高级阶段的每一册都融入语块内容，每套教材又自成体系，语块的分布较均匀。从覆盖率来看，直接呈现的语块在两套教材中的覆盖率都偏低，具体见表4-1。

表 4-1　直接呈现的汉语语块在两套教材中的覆盖率*

教材	初级			中级			高级		
	生词	语言点	练习	生词	语言点	练习	生词	语言点	练习
《发展汉语》	4.8%	46.6%	28.9%	3.4%	71.3%	34.4%	15.7%	36.7%	36.3%
《成功之路》**	5.8%	32.8%	27.8%	13.3%	36.7%	27.2%	14.3%	0.0%	28.4%

　* 我们在统计生词时，不统计教材单独列出的专有名词。在考察练习题型和数量时，只统计课文后的综合类练习，不考察课文前的导入、限时阅读等，也不考察语言点注释中的练习。

　** 根据教材说明，《成功之路》初级阶段包括《入门篇》《起步篇》《顺利篇》《进步篇》，中级阶段包括《提高篇》《跨越篇》，高级阶段包括《冲刺篇》《成功篇》。

---

① 李慧.对外汉语教材中语块的呈现方式及其改进建议[J].云南师范大学学报（对外汉语教学与研究版），2013(2)：9-14.

　　根据表 4-1，就直接呈现的语块在生词、语言点、练习三大板块中的平均覆盖率来看，《发展汉语》为 8.0%、51.5%、33.3%，《成功之路》为 11.1%、23.2%、27.8%。可见，语言点中的语块直接呈现比例最高，其次是练习，生词中最低。从教材中直接呈现语块的平均覆盖率来看，《发展汉语》为 30.9%，《成功之路》为 20.7%，两套教材平均为 25.8%，根据杨玉晨（1999）的研究，语块在自然语言中占到约 90%，教材中直接呈现的语块远远低于这一比例。

　　（四）呈现范围

　　语块是一个范畴，其内部成员形成一个连续统，薛小芳、施春宏指出，按照语块典型程度的高低可以形成如下序列：成语-熟语式语块-习语式语块-定形式语块-组块式语块-整件式语块，离成语路径越短的，其典型性越显著；反之，路径越长的，就越不像典型语块。[①]

　　从呈现范围来看，两套教材呈现的语块大多为成语、熟语、习语、固定短语、短语框架、句式框架等，属于典型语块，只是汉语语块中的一小部分，所占比例不高，而大量的词语组合式语块被排除在教材之外。钱旭菁早就提出"对语块的研究也应包括语义透明、语法规则的词语序列，这样对语块的研究就不仅限于一小部分处于语言系统中边缘地位的习语"[②]。两套教材对语块的呈现范围偏窄，不利于学习者习得常用的词语搭配组合，储备大量实用的语块进行理解、记忆，进而输出地道的汉语。

　　（五）个别语块的选定和讲解

　　两套教材均存在语块选定不完整和讲解不明晰的问题，不利于语块的正确习得和运用。如《发展汉语》中级综合一第 11 课的语言点"动不动"，例句如下：

　　（1）她最近情绪很不好，动不动就哭。

　　（2）你别动不动就生气，也听听别人的话，看看有没有道理。

　　（3）公司动不动就开会，都影响我们的正常工作了。

　　根据例子，"动不动"和"就"搭配使用，表示很容易产生某种行为或情况，多用于不希望发生的事情，但选定的语块忽略了"动不动"和"就"的共现关系，

---

① 薛小芳,施春宏.语块的性质及汉语语块系统的层级关系[J].当代修辞学,2013(3):32-46.

② 钱旭菁.汉语语块研究初探[J].北京大学学报(哲学社会科学版),2008(5):141.

改为"动不动就"更好。

又如《成功之路》进步篇第三册第 27 课的语言点"拿……来说",解释为"表示从某个方面提出话题",例句如下：

(1)就拿常用的两种颜色"红"和"白"来说，他们表示的象征意义你了解吗？

(2)我们班的同学进步都很大，拿阿里来说吧，刚来的时候连"你好"都不会说，现在都可以用汉语跟中国人聊天儿了。

教材对"拿……来说"的讲解太简单，只说明意义，对其使用规则、在句中的位置以及和前后分句的关系都没有具体说明，很容易造成学习者的使用偏误。

（六）练习设计

教材语块练习题型不够实用、多样化。两套教材中有"朗读下面的短语并填空"、"词语搭配连线"、"把成语补充完整，并选用其中合适的改写句子"、"用所给的词语完成句子或对话"、"用所给的词语组成句子"、"根据所给的情景和词语进行表达练习"、"用所给的词语和格式进行写作练习"等语块练习，均为常见题型，可分为"写"和"说"两类。

"写"的练习比重大，形式单调，多为"完成句子或对话"类的写句写话练习，难以激发学生兴趣。"说"的练习比重低，有些题目所给的限制过多，使练习难度增加，实用性不强，如《发展汉语》中级综合(Ⅱ)，每课练习中都有"根据课文内容、下面的表达方式和提示完成对话"，但对话形式固定、话轮多、已有语句过长、口语化程度低，很容易使学习者产生为难情绪，自然达不到练习的效果。

四、建议

根据前文探讨可知，现有汉语教材对语块理论的吸收和运用欠佳，使教材的功能不能有效发挥，现提出如下修改建议：

第一，打破传统的编排设计，丰富语块呈现载体，在现有基础上增加多样化的语块呈现板块，加大直接呈现的汉语语块在教材中的比例，进一步显化语块的地位和作用。教材可以打破"生词-课文-语言点注释-练习"的编排模式，设计专门的语块板块，对每课重点词汇和语法项目构成的语块加以归类讲解，并附上相应的练习。

　　第二，加大语块的覆盖率和呈现范围，将大量的常用词语组合纳入语块序列，直接呈现，为学习者提供现成的语块学习材料。教材应在充分考察现有词汇大纲和学习者偏误的基础上，筛选出词汇习得重点和难点，将大量的常用词语组合纳入汉语语块的范畴，打破现有教材语块覆盖率低和呈现范围偏窄的局限，并在教材中直接呈现。

　　第三，深入研究常用汉语语块的选定、意义、用法等，确保入选教材的语块正确实用、讲解恰当明晰。现代汉语常用语块的选定需要结合大型语料库，在对现在汉语常用字、词、语法项目等进行考察的基础上，依据教学大纲进行鉴别、排序和分级，这是教材语块编排的基础。对于入选教材的常用汉语语块，要依据不同学习阶段和教学要求，研究并展示语块的典型意义和用法，做到讲解明晰、举例恰当，这也是教材编写的重要工作。

　　第四，丰富语块的练习类型，以实用为出发点和归宿，提供真实的练习场景，加深语块的理解和记忆。目前教材语块练习题型单一，实用性差，能增强学习者的语块意识并有助于交际的练习很少。关于语块的练习类型，国外已有很多研究成果，例如 Lewis 提出语块练习活动必须聚焦于目标语的真实使用并着重对语块的介绍和操练，他提出了"语块识别（identifying）、搭配（matching）、完成（completing）、分类（categorizing）、排序（sequencing）、删除（deleting）"等一些典型的语块练习类型[①]。汉语教材可以借鉴，并结合汉语交际特点加以创新，做到真实灵活，所练即所用。

第二节　汉语语块与汉语二语教材的生词编排

　　语块是语言运用的整体性单位，由词组合而成，可以不经语法分析被直接记忆和理解，词的习得和语块的习得密不可分。词汇是第二语言习得的重点，将词以语块的形式呈现出来并引导学习者整体习得，是提高汉语二语教学效果的重要途径。

　　生词是汉语二语教材的重要组成部分。在目前的教材中，生词一般位于课文前（有的位于课文旁侧），按照其在课文中的出现顺序逐条呈现，每个生词后一般列出拼音、词性、英文翻译、汉语释义等。从汉语二语教材生词研究的现状看，学界多关注生词的选用、复现、释义、翻译、语体特征、与大纲的契合度

---

① 　Lewis，M The Lexical Approach[M].Hove：Teacher Training Publications，1993：89.

等问题,就语块视角来探讨生词编排的尚不多见。

鉴于语块习得对汉语习得的重要作用,本节主要考察《发展汉语》和《成功之路》两套综合教材中的生词语块编排问题,分析生词中语块呈现的比例、类型、得失等,为教材修订提供参考。

一、比例

从两套教材生词表中词条的类型来看,都包含词和非词,非词条目所占比例不大,但种类丰富,包含成语、固定短语、搭配、词缀等,许多都和语块有关。经统计,语块在《发展汉语》和《成功之路》两套综合教材生词中的平均比例均不高,大约在 10％左右(见表 4-2)。由此可见,目前汉语二语教材生词的选择和编排基本遵循"词本位"的原则,语块体现不明显。

表 4-2　汉语语块在生词中的比例 *

教材	初级	中级	高级	平均
《发展汉语》	4.8％	3.4％	15.7％	8.0％
《成功之路》**	5.8％	13.3％	14.3％	11.1％

＊ 我们在统计生词中的语块时,不统计教材单独列出的专有名词。

＊＊ 根据教材说明,《成功之路》初级阶段包括《入门篇》《起步篇》《顺利篇》《进步篇》,中级阶段包括《提高篇》《跨越篇》,高级阶段包括《冲刺篇》《成功篇》。

语块是汉语交际的重要材料,汉语作为第二语言的教学中应该以"语块"的正确运用为最终目标,语块在教材生词中比例偏低的现状会影响汉语教学的效果。例如[1]:

(1)＊我想介绍您向我的家庭。(应改为:我想向您介绍我的家庭)
(2)＊妈妈身材比较大。(应改为:妈妈身材比较高大)
(3)＊母亲喜欢培养植物。(应改为:母亲喜欢培育植物)

例(1)属于语序错误,"向"介引对象时经常构成语块"向＋对象＋动词＋宾语",只理解"向"的意义但忽略其搭配就会造成错序。例(2)(3)属于词语的错用,"高大"和"大","培养"和"培育"属于近义词,意义不同,常用搭配也不

---

[1]　如无特别说明,本节所列举的学习者病句均来源于作者本人收集的学生作业偏误语料。

同,学习者在习得中只有将常用搭配"身材高大、培育植物"作为语块整体记忆,才能避免偏误,并且加深对近义词的理解辨析。

二、类型

《发展汉语》和《成功之路》综合课教材生词中的语块可以分为固定语块、半固定语块和自由语块三大类,其中固定语块的数量和比例最多,半固定语块次之,自由语块最少(见表4-3)。

表4-3　两套教材中的语块类型及其数量、比例

教材	语块类型					
	固定语块		半固定语块		自由语块	
	数量	比例	数量	比例	数量	比例
《发展汉语》	215	63.42%	80	23.60%	44	12.98%
《成功之路》	351	52.54%	231	34.58%	86	12.87%

现分别讨论每类语块中包含的具体内容。

1.固定语块

固定语块包括成语、固定短语、惯用语、独立语/插入语、交际习语、专有名称。这类语块具有固定的形式和整体的意义,相当于词的等价物,如"入乡随俗、乐此不疲、对牛弹琴、柳暗花明、不约而同、喜出望外、鬼使神差"是成语;"春夏秋冬、喜气洋洋、文人墨客、名胜古迹、恍然大悟、流连忘返"是固定短语;"不起眼儿、耳边风、脸红脖子粗、棒打不散的鸳鸯、有一搭无一搭"是惯用语;"一般来说、简言之、别提了、由此可见、这样一来、说到底、俗话说"是独立语/插入语;"不客气、不好意思、对不起、好久不见、不见不散、一路平安"是交际习语;"金字塔、自动取款机、职业中学、封建社会、计划生育"是专有名称。

2.半固定语块

半固定语块包括离合短语、短语框架、句式框架、受限组合。这类语块从结构上分为固定成分和可变成分,固定成分对语块的理解、记忆、运用起关键作用。如"打招呼、闹笑话、出洋相、聊天儿、打官腔、唱对台戏、放他一马"是离合短语;"从……到……、当……的时候、挺……的、越……越……、连……带……、太……了"是短语框架;"既……也……、一……就……、因为……而……、与其……不如……"是句式框架;"毫无顾忌、无所不谈、兴奋不已、取决于、开放性"是受限组合。

3.自由语块

自由语块指的是常用搭配,一般由两个双音节词组合而成,两个词在汉语交际中共现的频率很高,汉语母语者说到词语 A 会联想到词语 B,因此会在大脑中将常用搭配作为一个整体记忆单位进行存储。如:"高等教育、农贸市场、按劳取酬、人际关系、电子词典、公共汽车、晚睡晚起、各种各样、简单明了、林荫大道、风土人情"。

据以上分析,固定语块包含的内容最丰富,汉语二语教材也多将成语、固定短语、惯用语等固定语块视作词的等价物编入生词,而将大量的半固定语块和自由语块排除在外。

三、具体编排

(一)固定语块

表 4-4　两套教材中固定语块的种类、数量和比例

教材	成语/固定短语	惯用语	独立语/插入语/交际习语	专有名称
《发展汉语》	195(90.7%)	2(0.9%)	13(6.0%)	5(2.3%)
《成功之路》	298(84.9%)	8(2.3%)	31(8.8%)	14(4.0%)

根据表 4-4,在教材生词所收的固定语块中,成语/固定短语所占比例最高,其次是独立语/插入语/交际习语,再次是专有名称,惯用语的比例最低。

1.成语/固定短语

成语/固定短语一般为四字格,有固定的形式,意义也较凝固,与字面义相去甚远,大多有一定的文化历史内涵,在使用上对语境有特殊的要求。成语/固定短语在教材中呈现的内容包括词条、注音、释义(汉语或英语)、例句,但这四项内容很少同时出现在生词表中。从两套教材来看,词条和注音在初中高三个阶段都会呈现,释义呈现出由英文释义向中文释义过渡的趋势,例句不是教材生词表的必选项,《发展汉语》中的成语/固定短语均无例句,《成功之路》只在中级阶段加入了例句或常用结构。例如:

初级:

(1)入乡随俗 rù xiāng suí sú　idm. When in Rome ,do as the Romans do.(发展汉语,初级综合Ⅱ)

(2)名胜古迹 míngshèng gǔjì　scenic spots and historic sites(成功之路,起步篇2)

中级：

(1)依依不舍 yī yī bù shě（成语） to be reluctant to part（发展汉语，中级综合Ⅱ）

(2)嗤之以鼻 chì zhī yǐ bí（成语） treat with contempt
对……嗤之以鼻；让/令……（人）嗤之以鼻（成功之路，提高篇2）

(3)雅俗共赏 yǎ sú gòng shǎng（成语） appeal to all 无论文化水平高的低的都能够欣赏

老舍的作品历来都是雅俗共赏。/歌剧或者话剧不一定人人都喜欢，但电影绝对是雅俗共赏。（成功之路，跨越篇2）

高级：

(1)顺理成章 shùn lǐ chéng zhāng（成语） 指按照事情的发展规律形成（发展汉语，高级综合Ⅰ）

(2)风调雨顺 fēng tiáo yǔ shùn 风雨适合农业生产（成功之路，成功篇2）

(3)囊中羞涩 náng zhōng xiūsè 口袋里钱不够，经济困难（发展汉语，高级综合Ⅰ）

2.独立语/插入语/交际习语

独立语/插入语/交际习语在字数上没有限制，可长可短，在交际中作为一个整体使用，具有引出话题、承上启下、总结归纳或表达态度情感等重要作用。教材生词在呈现独立语/插入语/交际习语时一般包括词条、注音、释义，有时附加例句。例如：

(1)不客气 bú kèqi you're welcome （发展汉语，初级综合Ⅰ）

(2)一般来说 yìbān lái shuō generally speaking （发展汉语，中级综合Ⅰ）

(3)简言之 jiǎn yán zhī 简单地说（发展汉语，高级综合Ⅰ）

(4)不见不散 bú jiàn bú sàn not to leave until we meet （成功之路，顺利篇1）

(5)由此可见 yóu cǐ kě jiàn this shows, thus it can be seen 从这件事可以看出，从这件事可以知道。用于长句或者一段话后面，表示判断或者结论。

小学生们每天要上几个小时的课，做很多家庭作业，周末、假期还得上这班那班的，由此可见，他们的负担非常重。（成功之路，提高篇1）

3.专有名称

专有名称在字数上可长可短，一般作为一个词使用。教材在生词中一般呈现专有名称的词条、注音、释义。例如：

（1）自动取款机 zìdòng qǔ kuǎn jī　ATM（Automated Teller Machine）（发展汉语，初级综合Ⅱ）

（2）职业中学 zhíyè zhōngxué　vocational school　（发展汉语，中级综合Ⅰ）

（3）卡拉OK kǎ lā OK　karaoke　（成功之路，顺利篇1）

（4）计划生育 jìhuà shēngyù　family planning；brith control　"一个家庭只生一个孩子"的政策（成功之路，跨越篇2）

4.惯用语

惯用语字数灵活，在生词表中虽然数量少，但意义凝固，且多为引申义或比喻义，具有中华文化特色，在口语交际中使用广泛，是提高学习者交际水平的重要材料。教材生词中一般呈现惯用语的词条、注音、释义，释义一般只展示比喻或引申的常用意义，对惯用语的意义来源不做解释。例如：

（1）不起眼儿　bù qǐyǎnr　不引人注意（发展汉语，高级综合Ⅰ）

（2）棒打不散的鸳鸯　bàng dǎ bú sàn de yuānyang（俗语）very close loves 用外力拆不散、分不开的情侣（成功之路，跨越篇2）

（二）半固定语块

在两部教材生词中，半固定语块包含的具体种类、数量和比例见表4-5。

表4-5　两套教材中半固定语块的种类、数量和比例

教材	离合短语	短语框架	句式框架	受限组合
《发展汉语》	53(66.3%)	9(11.0%)	1(1.3%)	17(21.3%)
《成功之路》	119(51.5%)	48(20.8%)	20(8.7%)	44(19.0%)

　　根据表4-5，在教材生词所收的半固定语块中，离合短语所占比例最高，其次是受限组合和短语框架，句式框架的比例最低。

　　1.离合短语

　　离合短语一般为三字格的动宾/动补结构，形式上可离可合，具有一定的弹性。教材生词中一般呈现离合短语"合"的形式，包括词条、注音、释义，对常见的"离"的形式没有呈现。例如：

　　（1）打招呼 dǎ zhāohu　say hello；greet　（发展汉语，初级综合Ⅱ）

　　（2）看不起 kàn bu qǐ　look down upon；scorn　（成功之路，进步篇1）

　　2.受限组合

　　受限组合一般为三字格，形式上多为"双音节词＋词缀"的结构，其中的双音节词可被同类词语替换，词缀较固定。教材生词中一般呈现受限组合的词条、注音、释义，有时有例句，对受限组合的可替换形式和用法没有特别说明。例如：

　　（1）用电量 yòng diàn liàng　electricity consumption　（发展汉语，初级综合Ⅱ）

　　（2）开放性 kāi fàng xìng　openness 开放性问题　（成功之路，提高篇1）

　　（3）归功于 guī gōng yú　owe to 把功劳归于某人某事。他把成绩归功于全体工作人员（成功之路，跨越篇1）

　　（4）契合点 qìhé diǎn 合得来的方面，意气相投之处（成功之路，冲刺篇2）

　　3.短语框架

　　短语框架字数灵活，形式上可以为框架的格式（如"从……到……"），也可以是部分成分可替换的四字格式（如"无……无……、没……没……"）。教材生词中一般呈现短语框架的词条、注音、释义，有时附加例句，对短语框架的可替换形式没有特别说明。例如：

　　（1）当……的时候 dāng……de shíhou　when，while　（发展汉语，初级综合Ⅰ）

　　（2）连……带…… lián……dài……　in succession；including　（成功之路，进步篇1）

4.句式框架

句式框架字数灵活,形式上可长可短,包含固定成分和空格。教材生词中一般呈现句式框架的词条、注音、释义,有时有例句。例如:

(1)既……也…… jì……yě…… both...and...;as well as(发展汉语,初级综合Ⅱ)

(2)既然……就…… jì rán……jiù……(连)since"既然"提出已经成为现实的或已经被肯定的事情,"就"提出根据这个事情所做出的结论。既然你一定要去,那就去吧。(成功之路,提高篇1)

(三)自由语块

在两部教材中,自由语块指的是常用搭配,一般为四字结构,是两个双音节词的组合,因搭配频率高而成为自由语块。《发展汉语》收录44个,《成功之路》收录86个,教材生词中一般呈现自由语块的词条、注音和释义。例如:

(1)公共汽车 gōnggòng qìchē bus(发展汉语,初级综合Ⅰ)

(2)高等教育 gāoděng jiàoyù higher education(发展汉语,中级综合Ⅰ)

(3)手足兄弟 shǒuzú xiōngdì 非常亲密的兄弟,如手和脚一样密不可分(发展汉语,高级综合Ⅰ)

(4)亲朋好友 qīn péng hǎo yǒu relatives and friends(成功之路,进步篇2)

(5)林荫大道 línyīn dà dào boulevard;avenue 两边有树的大路(成功之路,跨越篇1)

(6)年轻有为 niánqīng yǒuwéi 年纪不大,有作为(成功之路,冲刺篇2)

四、问题及建议

(一)比例

根据上文的统计分析,语块在教材生词中比例很低,这种现状既不符合汉语交际的现实,也不利于汉语学习者培养语感,因此教材应增加语块的比例,可以在生词模块后专门增设"常用语块"模块,将语块作为中间环节,建立起"生词-语块-句子(课文)"的自然衔接。

（二）类型

根据前文的统计分析，在生词模块中，固定语块最多、半固定语块次之，自由语块最少，这种现状和汉语语块的真实使用情况恰好相反。根据前文（第二章第二节）的研究，汉语母语者对汉语语块的使用是一个由自由语块向固定语块逐渐减少的过程，呈现出"自由语块-半固定语块-固定语块"的序列，可见教材的生词编排并不符合汉语的真实交际。

因此教材要特别重视语块呈现类型的调整，增加半固定语块和自由语块进入教材的比重，尤其是自由语块，其作为语言交际中的高频常见单位，是交际的直接备用单位，也是提高汉语语感的有效手段。因此建议教材以生词的常见用法形式呈现半固定语块和自由语块，亦可以单独呈现。

（三）具体编排

根据前文我们对两部教材生词中语块具体编排的分析，可发现尚存在不少待改进的问题。

1.某些半固定语块形式呈现不完整

在半固定语块中，有一部分离合短语和受限组合的呈现过于简单，没有展示出离合短语的扩展形式以及受限组合的替换成分，容易使学习者对此类语块的用法模糊不清。

"离合语块"如：

（1）忍不住　rěn bu zhù　cannot help doing sth.（发展汉语，中级综合Ⅰ）

（2）开玩笑　kāi wánxiào　to play a joke（成功之路，顺利篇1）

教材只有语块的注音和英文释义，容易让学习者将此类语块作为一个词习得，而忽视它们的变化和灵活用法。因此教材可以加入离合语块的扩展形式和适当的例句。如下：

（1）忍不住　rěn bu zhù　cannot help doing sth.我看到这张照片忍不住笑了。（反）忍得住。如：A：想笑的时候，你能忍得住吗？B：我忍不住。

（2）开玩笑　kāi wánxiào　to play a joke

（扩展）跟……开玩笑；开了一个玩笑；开什么玩笑；

我的姐姐很喜欢跟我开玩笑。/那件事不是真的，她只是跟我开了一个玩笑。

"受限组合语块"如：

（1）公元前　gōngyuán qián　B.C.(Before Christ)（成功之路,跨越篇1）
（2）取决于　qǔjué yú　由某方面或某种情况决定。如：成绩的好坏往往～努力的程度。（发展汉语,高级综合Ⅱ）

教材只标注受限组合语块的拼音、中英文释义,有时加之例句,没有引导学生关注此类语块中的可替换成分,如"公元前"中的"前"可替换,变为"公元后";"取决于"中的"取决"可替换,变为"决定于"等。教材可以加入这方面的知识,并以适当的例句加以解释。

（1）公元前　gōngyuán qián　B.C.(Before Christ)。中国的甲骨文产生在公元前的殷商时期。
　　[补充]公元后 AD(Anno Domini),也可以说"公元"。如：公元（后）2000年以来,互联网在全世界得到了很大的发展。
（2）取决于　qǔjué yú　由某方面或某种情况决定。如：成绩的好坏往往～努力的程度。
　　[补充]"取决"可以替换为"决定"。如：这次比赛的结果决定于双方的耐力。

2.某些固定语块释义需改进
这主要是就固定语块中的成语、惯用语来说的。大多数成语、惯用语有很深的历史文化来源,意义晦涩,多以比喻义或引申义作为常用义,仅从字面义很难推导出其真实的含义。教材生词表中的释义常常过于简单,缺少详细的解释和例句。因此,教材要对以比喻、引申义为常用义的固定语块释义进行适当改进,增加意义来源或例句用法,避免学习者望文生义或不知所用。例如：

（1）应接不暇　yìng jiē bù xiá（成语）人或事情太多而无法应付（发展汉语,高级综合Ⅱ）

教材可以适当加入以下说明和例句：

"应接不暇"出自南朝宋刘义庆的《世说新语·言语》："从山阴道上行,山川自相映发,使人应接不暇。""应接不暇"原指沿路风景优美繁多,看不过来,后来形容人或事情太多,接待应付不过来。例如:图书馆挤满了人,有还书的,有借书的,工作人员应接不暇。

又如:

(2)耳边风　ěr biān fēng　unheeded advice　（成功之路,进步篇3）

教材对"耳边风"只有注音和英文释义,对其来源、本义和比喻义均没有解释,也没有显示具体用法的实例,会造成学生理解和使用上的困难。可加入如下一些内容:

耳边风　ěr biān fēng　unheeded advice　耳边吹过的风,比喻听过后不放在心上的话(多指劝告、祝福),也说"耳旁风"。
【历史来源】清李宝嘉《官场现形记》："我说的乃是金玉之言,外交秘诀,你老哥千万不要当做耳边风。"
例如:我总把妈妈的话当成耳边风,今天后悔都来不及了。

3.某些框架类半固定语块的例句和用法需增加
有些短语框架呈现过于简单,也没有作为相应的语法点详细解释,因此应增加例句和用法,以加深学生对语块的理解。如:

(1)对……来说　duì……lái shuō　as far as…,be concerned　（成功之路,顺利篇2）
(2)够……的　gòu……de　reaching a certain point or to a certain extent（成功之路,顺利篇2）

以上两个短语框架,教材只标有注音和英文释义,应加入一些具体的实例,将语块填充起来,以显示语块的具体使用语境。如下:

(1)对……来说　duì……lái shuō　as far as…,be concerned。如:
对老师来说,这次考试不算难,但是对学生来说,这次考试非常难。

（2）够……的　gòu……de　reaching a certain point or to a certain extent。如：

你的房间够乱的，快收拾一下吧。

这里的风景够漂亮的，我们拍几张照片吧。

第三节　汉语语块与汉语二语教材的课文编排

课文是汉语二语教材的主体，一般位于生词板块之后（有的和生词并列出现），可以是对话或短文，短文文体有记叙文、说明文、议论文等，随着学习阶段的递增，课文篇幅逐渐加长。在课文前往往有一两个启发性的问题或句子，用以提示课文内容，在课文旁常常有伴随性阅读提示，以问题形式考查学习者对长句、难句和文章内容的理解。从汉语二语教材课文研究的现状来看，学界多关注课文的编选理念和原则、选材、话题、语言特征、文化项目、修辞格、句式编排、插图设计等，从语块视角来探讨课文编排的尚不多见。在现有汉语二语教材中，从初级到高级，课文中含有大量语言交际所需要的常用语块，数量多，种类复杂，但隐含在课文中，容易被忽视。

鉴于语块习得对汉语习得的重要作用，本节考察《发展汉语》和《成功之路》两套综合教材课文中的语块呈现问题，主要分析课文中语块呈现的数量、类型、比例、得失等，为教材的修订提供参考。

一、数量

课文中呈现的汉语语块类型一般为隐性语块①。我们根据母语者语感，按照语块的分类知识，选取《发展汉语》和《成功之路》中的某些课文，对语块进行标注，统计其数量和比例。为保证课文分布均匀，我们从两套教材的初、中、高阶段各选择 2 篇课文，共 12 篇课文，具体见表 4-6。

---

① 　参考李慧（2013）的语块分类，我们将教材直接呈现的语块叫作显性语块，将教材间接呈现的语块叫作隐性语块。

表 4-6　本节研究所选课文篇目

阶段	教材	课文
初级	《发展汉语》初级综合（Ⅰ）	《我想送他一件礼物》课文 1
	《发展汉语》初级综合（Ⅱ）	《第一次打的》
	《成功之路》起步篇 1	《我们骑自行车去颐和园》课文 1
	《成功之路》进步篇 1	《我的太极拳老师》
中级	《发展汉语》中级综合（Ⅰ）	《我和父亲的"战争"》
	《发展汉语》中级综合（Ⅱ）	《彩票》
	《成功之路》提高篇 1	《答案》
	《成功之路》跨越篇 1	《发现步行之美》
高级	《发展汉语》高级综合（Ⅰ）	《科技时代人们的时间》
	《发展汉语》高级综合（Ⅱ）	《三个丽友》
	《成功之路》冲刺篇 1	《父父子子》
	《成功之路》成功篇 1	《可可西里的生命守护人》

　　根据汉语母语者的语感，我们从 12 篇课文中共筛选出汉语语块 866 个，其中《发展汉语》系列教材的 6 篇课文中共有 454 个语块，《成功之路》系列教材的 6 篇课文中有 412 个语块，分别占 52.4% 和 47.6%，两套教材差别不大，《发展汉语》教材课文中所含语块比例稍高。

二、具体统计

（一）初、中、高三个级别课文中语块的分布情况

表 4-7　《发展汉语》系列教材中的语块分布

级别		数量	百分比（%）
初级	初级综合（Ⅰ）	5	1.1
	初级综合（Ⅱ）	33	7.3
中级	中级综合（Ⅰ）	59	13.0
	中级综合（Ⅱ）	138	30.4
高级	高级综合（Ⅰ）	142	31.3
	高级综合（Ⅱ）	77	17.0
总计		454	100.0

表 4-8　《成功之路》系列教材中的语块分布

级别		数量	百分比(%)
初级	起步篇1	7	1.7
	进步篇1	26	6.3
中级	提高篇1	47	11.4
	跨越篇1	101	24.5
高级	冲刺篇1	81	19.7
	成功篇1	150	36.4
总计		412	100.0

从表 4-7 和表 4-8 可以看出,随着学习水平的提高,两套教材课文中的语块数量呈逐渐上升的趋势,在《发展汉语》系列教材的 6 篇课文中,初级-中级-高级阶段的语块数量比例分别为 8.4%—43.4%—48.3%,在《成功之路》系列教材的 6 篇课文中,初级-中级-高级阶段的语块数量比例分别为 9.0%—35.9%—56.1%。两套教材初级阶段课文所含语块最少,不到 10%,中级阶段上升到 40%左右,高级阶段占比最高,接近或超过 50%,这种现状和学生的汉语水平和现实交际需求是相符合的。值得一提的是,在高级阶段,由于课文题材或语体的多样化,汉语语块数量呈现出很大的差异,从我们所选择的课文来看,《发展汉语》教材高级阶段两篇课文的语块数量分别为 142 和 77,《成功之路》教材高级阶段两篇课文的语块数量分别为 81 和 150,可见到了高级阶段,广泛而多样化的阅读是接触并习得大量实用语块的有效途径。

(二)不同系列教材中的语块类型

根据第二章第二节的研究,我们将教材课文中的汉语语块也分为十个小类:

(1)成语。结构稳定,意义凝固,一般为四字结构,在教材词语表中标注为成语。如:寝食不安、坐卧不宁、一帆风顺、自言自语、安步当车、独善其身。

(2)固定短语。结构稳定,意义凝固,一般为四字结构,在教材词语表中没有词性标注。如:有妇之夫、古稀之年、各种各样。

(3)惯用语。包括谚语、俗语、歇后语等,具有丰富的历史文化含义,大多结构稳定,一部分惯用语可以灵活变化,多在教材脚注中出现。如:有朋自远方来、芝麻开花——节节高、无事闲来看飞花、脸红脖子粗、时间就是金钱、生命在于运动。

（4）专有名称。结构稳定，意义凝固，一般为人名、地名、组织机构名等，在教材词语表中以"专名"列出。如：中国福利彩票、老年大学、社区服务中心、中铁四十局、青藏公路、昆仑山脉。

（5）独立语、插入语和交际习语。结构较为稳定，意义凝固，大多出现在句子的开头、中间或结尾，具有明显的交际意义和价值，有些作为脚注出现在教材中。如：哪儿有、没关系、据统计、说实在的、其实不然。

（6）离合短语。结构半固定，多为动宾或动补结构，中间可以插入不同的成分，可离可合，可以作为一个语块进行加工和记忆，有些出现在词语表中，大部分隐藏在课文中。如：付了钱、耐着性子、说不清、上错车、哼着歌、静不下心来、巡一次山。

（7）受限组合。结构半固定，是词语组合而成的搭配，一部分固定一部分可以自由替换。如：号召力、可能性、青春期、无人区、自由职业者、紧迫感。

（8）短语框架。结构半固定，固定的成分形成框架，可插入的部分灵活自由，填充完整后组成短语。如：像……一样、是……的、和……争吵、在……之间、提高……的意识、起到……的作用、在……的条件下。

（9）句式框架。结构半固定，固定的成分形成框架，可插入的部分灵活自由，填充完整后组成句子。如：幸好……才……、要不是……就……、何苦……呢、哪怕……也……、不光……就连……都……、明明……还……、尚且……更别说……。

（10）常用搭配。即词与词的自由组合，一般为四字结构，因两个词语在日常交际中共现频率较高，而作为一个语块进行加工记忆。如：得到好处、发条短信、福利事业、集中精力、经济价值、消磨时间、锻炼身体、热爱家乡、通信设备、志愿活动、社会意义、轻松自在、直立行走。

下面看以上十类语块在两部教材中的分布情况。

表 4-9 《发展汉语》系列教材中的语块类型

类型	数量	百分比（%）
成语	17	3.7
固定短语	19	4.2
惯用语	7	1.5
专有名称	14	3.1
独立语、插入语、交际习语	11	2.4

续表

类型	数量	百分比（%）
离合短语	23	5.1
受限组合	33	7.3
短语框架	95	20.9
句式框架	48	10.6
常用搭配	187	41.2
总计	454	100.0

表 4-10　《成功之路》系列教材中的语块类型

类型	数量	百分比（%）
成语	28	6.8
固定短语	18	4.4
惯用语	5	1.2
专有名称	26	6.3
独立语、插入语、交际习语	4	1.0
离合短语	14	3.4
受限组合	32	7.8
短语框架	66	16.0
句式框架	46	11.2
常用搭配	173	42.0
总计	412	100.0

从表 4-9 和表 4-10 来看，在两套教材的课文中，出现最多的是常用搭配，分别占到 41.2% 和 42%，比例相当，其次是短语框架（分别为 20.9% 和 16%），再次为句式框架（分别为 10.6% 和 11.2%），其他 7 种语块的占比都不足 10%。

根据语块结构的固定与否，我们将上面 10 类语块分为固定语块（成语，固定短语，惯用语，专有名称，独立语、插入语和交际习语）、半固定语块（离合短语、受限组合、短语框架、句式框架）和自由语块（常用搭配）三大类，以便能清楚观察几个大类的分布特征。

表 4-11　两套教材课文中固定语块、半固定语块和自由语块的分布

语块类型	《发展汉语》		《成功之路》	
	数量	比例(%)	数量	比例(%)
固定语块	68	20.0	81	19.7
半固定语块	199	43.8	158	38.3
自由语块	187	41.2	173	42.0
总计	454	100.0	412	100.0

从表 4-11 来看，固定语块在两套教材课文中比例最低，大约为 20% 左右，半固定语块和自由语块的比例基本相当，占比都在 40% 左右，可见教材课文中的语块以半固定语块和自由语块（常用搭配）为主，是学习和运用的重点。

（三）语块在课文中的呈现形式

依据前文论述，我们依据语块的呈现形式将语块分为显性语块和隐性语块两种。这两种语块在两套教材课文中的总体情况见表 4-12。

表 4-12　显性语块和隐性语块在教材课文中的呈现情况

语块	《发展汉语》		《成功之路》	
	数量	比例(%)	数量	比例(%)
显性语块	46	10.1	68	16.5
隐性语块	408	89.9	344	83.5
总计	454	100.0	412	100.0

从表 4-12 统计的数据来看，显性语块在两套教材课文中的比例都比较低，分别为 10.1% 和 16.5%，平均为 13.3%。大量的语块隐藏在课文语句中，不易被识别，这种状况十分不利于学习者的汉语习得。

下面我们深入考察 12 篇课文，探讨语块在教材中的具体呈现方式，主要有如下几种：

（1）在课文中有颜色标注，为成语、固定短语或专有名称，在课文后的词语表中列出。这种情况在两套教材中都比较常见，《发展汉语》出现在高级阶段，《成功之路》出现在中、高级阶段。例如：

①全神贯注

【课文】想象小孩子，在玩儿的时候全神贯注，就算在没什么可玩儿的时

候，自己也能自由自在地想象。（高级综合Ⅰ《科技时代人们的时间》）

【词语表】全神贯注 quán shén guàn zhù（成语）注意力非常集中。

②一气之下

【课文】父亲一气之下，拉着阿明就回了家，他决定让阿明转学。（提高篇1《答案》）

【词语表】一气之下 yí qì zhī xià in a fit of anger 他一气之下离开了家，跑到上海去了。

（2）在课文中有颜色标注，为惯用语、交际熟语等，在页下脚注标出。这种情况在两套教材中也很常见，《发展汉语》出现在中、高级阶段，《成功之路》出现在高级阶段。例如：

①天上掉馅饼

【课文】于是，他们掏钱去买彩票，等着天上掉馅饼[3]。（中级综合Ⅱ《彩票》）

【脚注】3 天上掉馅饼：馅饼从天而降，比喻不花力气而得到想要的东西。例如：有付出才会有收获，天上是不会掉馅饼的。

②铁打的营盘流水的兵

【课文】如果说志愿者是可可西里这块铁打的营盘里流水的兵[①]的话，保护区管理局的工作人员和森林公安分局的干警们，可以说是这片高原净土真正的"生命保护人"。（成功篇1《可可西里的生命守护人》）

【脚注】①铁打的营盘流水的兵：俗语。意思是兵营如钢铁铸就的一样牢固，而士兵就像流水一样不停地更换。

（3）在课文中有颜色标注，是课文后的语言点，多为短语框架和句式框架，在语言点中有专门的讲解和练习。这种方式在两套教材中也很常见，《发展汉语》初、中、高阶段的课文中均有出现，《成功之路》出现在初、中级阶段。例如：

①幸好……才……

【课文】幸好您的包里有电话号码，才和您联系上。给您包，快看看少了什么没有。（初级综合Ⅱ《第一次打的》）

【语言点】"幸好"指由于某种有利的条件而幸运地避免了不好的后果。含"庆幸"的意思。有时与"才"搭配使用。没有否定式。（后面有英文释义、例句

和练习）

②别说……就连……

【课文】这都怪李老师，明明是他错了，还就是不承认。别说我儿子读不下书，就连我也气得半死。（提高篇1《答案》）

【语言点】别说……就连…… bié shuō…… jiù lián……（连）to say nothing of，to let alone "别说……"指出一种毫无疑问的事实或情况，"就连……"指出一种程度上更强的情况，这种情况下也会有同样的结果。（后面有例句）

（4）在课文中没有颜色标注，但在课文后的词语表列出，为成语或专有名词。这种呈现方式也较常见，《发展汉语》和《成功之路》中均出现在高级阶段。例如：

①追悔莫及

【课文】她为自己当时的行为追悔莫及，一再谴责自己为什么当时不把多找的钱退回呢？（高级综合Ⅱ《三个丽友》）

【词语表】追悔莫及　zhuī huǐ mò jí　（成语）后悔也来不及了。

②青藏高原

【课文】青藏高原北部有一片被称做"美丽的少女"的土地——可可西里。（成功篇1《可可西里的生命守护人》）

【词语表】青藏高原　Qīngzàng Gāoyuán

中国最大的高原。在中国西部和西南部，主要包括青、藏和四川西部。面积约230万平方公里，平均海拔4000米以上，是世界最高的大高原，有"世界屋脊"之称。山岭海拔多在6000米以上，峰顶终年积雪。藏北高原为青藏高原的核心部分，在西藏自治区北部，冈底斯山、昆仑山及唐古拉山之间。海拔4500米左右，地面起伏不大，湖泊众多，属高寒荒漠。青藏高原是亚洲许多大河的发源地。北部为黄河源地，南部为澜沧江、通天河、雅砻江等大河源地。藏南谷地在冈底斯山与喜马拉雅山之间，是雅鲁藏布江等河流上游的谷地，海拔大都在4000米以下。河谷沿岸多局部平原，是西藏主要农、牧业地区。

（5）在课文中没有颜色标注，但收录在课文后的语言点中，有专门的讲解和练习。这种情况也比较常见，主要出现在《成功之路》高级阶段。例如：

①不光……就连……都……

【课文】祖孙三代同桌进餐的时候,儿子显得特别兴奋,目光左右闪动,这个刚满六岁的小东西感到滑稽:怎么人的面孔那么相像,不光说话吃饭的神态极相似,就连嘴角上转瞬即逝的笑容都如出一辙,于是便傻笑起来。(冲刺篇1《父父子子》)

【语言点】递进复句

两个分句间为联合关系,后一分句的意思比前一分句更进一层,或者意思恰好相反。递进复句分为一般递进复句和衬托递进复句两类。(例句和练习略)

(6)在课文中没有任何标注,也不出现在生词、脚注和语言点中。这种情况十分常见,可以是固定语块、半固定语块、自由语块(常用搭配)中的任何一种,可出现在教材的任何阶段。请看《科技时代人们的时间》里这段话中的加点部分:

我们能不能现在开始有意识地锻炼一下自己:在地铁里让自己宁愿梦游般地站着也不玩儿手机,在工作的时候把网络联系关闭,在看完书的一个章节后再接老板的电话……这样,在未来的技术把我们的时间绞得粉碎时,我们还会悠然自得,自由自在。

在上面这段话中,"悠然自得""自由自在"属于固定语块,"在……里""宁愿……也……""在……的时候""在……后""接……电话""在……时""把……V(绞)得……"属于半固定语块,"玩儿手机""网络联系"属于自由语块。它们在教材中均没有任何标注,也没有出现在生词、脚注或语言点中。

综合上面的6种情况,第1、2、3三种情况属于语块的显性呈现,第4、5两种情况其实属于半隐半显的状态,因其在课文中没有颜色标注,只有当学习生词和语言点的时候才会注意到,所以不容易引起学生注意。第6种属于真正意义上的隐性语块,最容易被忽略。在表4-12中,我们将第4、5、6三种情况都归入隐性语块。

三、问题及建议

(一)分布

从前文的统计数据来看,语块在《发展汉语》和《成功之路》两套教材课文中的分布基本一致，随着学习阶段的提高，课文篇幅的加长，语块数量和比例呈上升趋势。但是在高级阶段的课文中，语块分布呈现出较大差异。

因此，建议教材到了高级阶段，应重视课文题材的选择，注意不同文体课文在教材中的比例，同时应关注口语语体和书面语语体的配合，使语块在课文中的分布尽量均衡，以便学生能够接触到大量真实的汉语篇章，自然习得汉语语块。

（二）类型

从前文统计来看，两部教材的课文中所包含的语块种类都很丰富，涵盖了汉语常见语块的所有类型，从比例来看，固定语块比例较低，半固定和自由语块的比例较高，特别是常用搭配的比例超过了 40%。

针对这一情况，建议在课文中采取一定的形式，对固定语块、半固定语块和自由语块进行必要的标识或区分，以引起学习者的注意。

（三）呈现形式和具体编排

据前文统计，显性语块在两套教材中的比例较低，平均为 13.3%，大量的语块隐藏在课文语句中，不易被识别。因此，教材课文要加大显性语块的呈现比例，例如可增加"常用搭配"模块，将课文中出现的常用搭配列出，还可以设置"短语框架和句式框架"模块，以凸显文章中的主要结构和句式。

同时，教材中的显性语块在编排上也存在问题。

第一，语块与非语块混合，文章中的语块与词语表、语言点之间缺乏链接提示。在我们考察的两套教材中，都有将词语和语言点在课文中用不同颜色标注出来的做法，但是没有区分一般的词语和语块（特别是成语、固定短语等），容易使学习者将语块与普通词语等同，忽视其独立使用的价值，因此建议课文在标注颜色时，将语块与普通词语区分开。另外，课文要特别突出在词语表和语言点中出现的语块，可以在课文中相应语块的位置加入星号等标识，起到链接提示作用。

第二，文章中的语块颜色标注随意，语块呈现不完整。仅以语言点的标注为例，在我们考察的两套教材中，有的以不同颜色显示，有的未显示，有的在语块下加点突出，有的未加点，还有呈现不够完整的情况。例如：

花园里除了跑步的、跳舞的、打球的，我还发现，有一位老人带领着十来个人，跟着音乐缓慢地做着动作。（进步篇 1：《我的太极拳老师》）

在上面的句子中，"来"是助词，表示大概的数目，课文中仅对"来"字进行红色标注和加点,并没有突出整个语块"十来个人",不利于学习者在整个语块的学习中掌握"来"的用法。因此,教材课文中的语块呈现应该统一标准,在颜色标注、加点提示等方面保持一致,并保证所呈现语块的完整性。

第四节　汉语语块与汉语二语教材的练习编排

"精讲多练"是汉语二语教学的重要原则,练习在汉语二语教材中占有重要地位。目前教材中的练习一般位于课文板块之后,与生词和课文相比,所占篇幅更大,综合课教材的练习题型最丰富,一般有选择、填空、连线、完成句子或对话、组成句子、排列语序、短文阅读、写作、会话练习、实践运用等,专项技能课教材练习题型相对简单。从汉语二语教材练习研究的现状来看,学界多关注练习的编写原则、目标与方法、练习的有效性、题型、题量、改进建议等,从语块视角来探讨练习编排的尚不多见。鉴于语块习得对汉语二语习得的重要作用,本节主要考察《发展汉语》和《成功之路》两套综合教材练习中的语块呈现问题。分析练习中语块呈现的数量及比例、类型、得失等,为教材的修订提供参考。

为保证统计数据分布均匀,我们根据两套教材的结构,按照初级-中级-高级三阶段的分法,分别选取相应的练习进行统计,具体做法为:相应阶段的教材若分册数的,只选择第1册,若不分册数,则全部入选。

入选进入统计的教材共11本,见表4-13。

表 4-13　本节研究所选教材

汉语水平	《发展汉语》	《成功之路》
初级	初级综合（Ⅰ）	入门篇
		起步篇1
		顺利篇1
		进步篇1
中级	中级综合（Ⅰ）	提高篇1
		跨越篇1
高级	高级综合（Ⅰ）	冲刺篇1
		成功篇1

一、两套教材练习的题量和题型

根据上文选定的统计范围，我们对《发展汉语》《成功之路》两套教材共130课的练习[①]进行了统计，其中《发展汉语》60课共有练习505题，《成功之路》70课共有练习727题。下面看两套教材的练习数量分布。

表 4-14 《发展汉语》教材中单课题量及出现比例

单课题量	出现次数	百分比（％）
1	1	1.7
4	2	3.3
5	1	1.7
6	2	3.3
7	13	21.7
8	20	33.3
9	4	6.7
10	4	6.7
11	4	6.7
12	9	15.0
总计	60	100.0

表 4-15 《成功之路》教材中单课题量及出现比例

单课题量	出现次数	百分比（％）
3	2	2.9
4	7	10.0
5	3	4.3
9	5	7.1
10	21	30.0

---

① 在本节研究中，我们将考察范围限定在"综合练习"，不考察课前、课中和课后的其他专项练习。

续表

单课题量	出现次数	百分比(%)
11	8	11.4
12	6	8.6
13	8	11.4
14	1	1.4
15	4	5.7
16	1	1.4
17	3	4.3
18	1	1.4
总计	70	100.0

　　从表 4-14 和表 4-15 可知,在《发展汉语》教材中,单课题量为 1~12 题不等,平均每课 8.42 题,其中有 8 题的比例最高,为 33.3%;在《成功之路》教材中,单课题量为 3~18 题不等,平均每课 10.38 题,其中有 10 题的比例最高,占 30%。可见《成功之路》的平均题量高于《发展汉语》,这可能与其教材层次划分较细,题量设计较多样有关。

　　再看两套教材的题型。为方便比较,我们将两套教材的课后综合练习题型分为客观题和主观题两类,客观题指答案固定,只需做出选择或判断的题型,主观题指答案不固定,需要自己完成的题型。先看两套教材的主客观题量比,见表 4-16。

表 4-16　两套教材主客观题量比

教材	客观题量	占总题量比例	主观题量	占总题量比例	客主观题量比
《发展汉语》	100	20%	405	80%	1∶4
《成功之路》	157	22%	570	78%	1∶3.5

　　从表 4-16 可以看出,两套教材的客观和主观题型的比例基本一致,主观题都占了大部分的比例,但是《发展汉语》的客观题量占比稍低,《成功之路》客观题量占比稍高。

　　下面看两套教材的客观题和主观题的具体题型,见表 4-17 和表 4-18。

表 4-17　两套教材客观题题型

教材	发展汉语	成功之路
具体题型	1.选择 (1)选词填空(同素词、近义词、成语、一般词语) (2)把词语写在对应的解释后面(一般词语) (3)为词语选择适当的位置 (4)选择正确的汉字 (5)选词填空(短文完形填空) (6)根据课文内容选择正确答案 (7)阅读理解(选词填空、选择正确答案) 2.连线 (1)将汉字和对应拼音连线 (2)将词语和释义连线(同素词、成语) (3)词语连线构成合适的搭配 (4)将节日和对应的习俗连线 3.判断 (1)阅读后判断正误	1.选择 (1)选择听到的音节并朗读,注意声母/韵母/声调 (2)听后选择正确答案 (3)选词填空(同素词、四字词语、关联词语、一般词语、词组、一组词语) (4)选词填空(短文完形填空) (5)选择填空(短句和小句) (6)为词语选择适当的位置 (7)选出句中有错的部分 (8)选择最佳的句子完成对话 (9)选择对复句结构关系分析正确的一组 (10)判断 A 句后面的语句如何展开(选择一个句子) (11)判断哪种表达更好(选择一个句子) (12)选择句子插入各段中 2.连线 (1)连线并朗读 (2)听后连线,并复述 (3)根据听到的内容连线 (4)句子与四字词语连线 3.判断 (1)判断句子的正误 (2)听后判断正误 (3)阅读后判断正误

表 4-18　两套教材主观题题型

教材	《发展汉语》	《成功之路》
具体题型	听	
	(1)听读辨调 (2)听读句子,并给画线的词注音	(1)听后写、读类 ①写出你听到的声母/韵母/声调,并朗读音节 ②写出你听到的音节,并朗读 (2)听后写类 ①听后记录 ②听大意、抓主要信息 ③听后回答问题 ④根据录音内容填表 (3)听后说类 ①听后说/复述 ②看图听话,听后复述 ③听话找图,看图复述
	说	
	(1)朗读 ①朗读词语(同素词、成语、多音字、数字、时间词) ②朗读句子(反问句) ③朗读短文 (2)口语练习 ①指出汉字的相同部分并说明意思 ②说出画线部分词语的意思 ③用指定格式提问/回答问题 ④师生问答 ⑤看图说话 ⑥情景表达 ⑦讨论 ⑧演讲	(1)朗读 ①朗读音节(单音节/双音节/音节组合) ②朗读词语/词组 ③朗读句子/一段话 (2)口语练习 ①解释加点词语的意思 ②看图说话/对话/会话 ③情景会话/用所给材料会话/根据所给内容组织对话 ④完成对话 ⑤复述课文/故事 ⑥表达训练 ⑦讨论 ⑧讲一个自己熟悉的传说
	读	
	(1)读后回答问题 (2)读后讨论、辩论 (3)读后填空、填表	(1)读后说 (2)读后填表 (3)读后回答问题 (4)读后完成语段 (5)读后排序 (6)读后改写 (7)分析文中的写作手法(替代、摹声、白描等) (8)分析段落之间或段落与主题的关系

续表

教材	《发展汉语》	《成功之路》
	写	
具体题型	(1)汉字类 ①填写汉字组词 ②写出句中没有的汉字 ③用所给的偏旁写出汉字 ④用部件组成汉字 (2)拼音类 ①给句中的词语注音 ②给汉字注音 ③读词语写拼音 ④辨别汉字写拼音 (3)词语类 ①汉字组词(多音字、形近字、一般汉字等) ②根据课文内容填空 ③填写量词、近义词、反义词、四字结构、句子/短文中没有的词语等 ④把短语/词语补充完整 ⑤词语学习(同素词、量词、体会词语或短语中语素的意义) (4)句子/对话类 ①完成句子/对话(给出图片/例子/格式/提示/情景) ②改写句子(给出例子/词语/格式) ③改正句子 ④连词成句 ⑤用词语造句 (5)语段篇章类 ①排列句子、组成语段 ②根据课文内容完成练习(回答问题/填表/填空等) ③写作	(1)词语类 ①用汉字写下你的名字和国籍 ②模仿例子组成新词 ③写词语(动词的宾语、合适的动词) ④根据课文内容填空/填表 ⑤找出句中的否定词并分析语义 (2)句子/对话类 ①看图完成句子 ②完成句子/对话(给出词语/句式/格式/关联词语) ③写出某种修辞类型的句子 ④连词成句 ⑤改写句子(给出成语) ⑥分析句子的层次关系(省略、紧缩、双重否定、多重否定等) (3)语段篇章类 ①连句成段 ②完成语段(给出词语/句式/格式/关联词语) ③将各段话重新排序 ④用指定词语回答问题 ⑤改写/缩写练习 ⑥分析句子或段落的修辞类型,指出其中的本体、喻体、对象等,分析修辞效果 ⑦写作训练

续表

教材	《发展汉语》	《成功之路》
具体题型	综合运用	
	(1)制作通讯录 (2)查字典 (3)游戏 (4)调查分析 (5)拓展学习	(1)活动 ①两人活动 ②小组活动 ③全班活动 ④采访、调查 (2)课堂用语 (3)应用练习

从表 4-17 和表 4-18 对两套教材的题型统计来看,两套教材题型大体相当,但《成功之路》所含题型更丰富,这与教材分级较细,题目数量较多有关。

先看客观题,两套教材都包含了选择、连线、判断这三种题型。在选择题上,《发展汉语》侧重词语、汉字、课文或短文、阅读理解,《成功之路》除了侧重词语和短文外,还重视语音和句子、段落篇章的练习,特别注重句子内部关系和段落内部语句关系的训练。在连线题上,《发展汉语》注重汉字、词语及其搭配、文化习俗的练习,《成功之路》更注重句子内部关联,以及听力和口语的训练。在判断题上,两套教材都有阅读后判断的训练,但《成功之路》还加入了句子正误判断和听后判断的训练。

再看主观题。因主观题型多样,我们按照听、说、读、写四项基本技能,对主观题进行了分类,同时增加"综合运用"一类。从主观题的类别来看,《发展汉语》和《成功之路》都很全面,同时涵盖了"听""说""读""写""综合运用"五大类。

在"听"这项技能训练方面,《发展汉语》题型较简单,只有"听读辨调"和"听读句子并给画线词语注音"两种题型,《成功之路》将"听"和"读、写、说"等技能的训练结合起来,设计了丰富的题型,全面提高学习者"听"后朗读、说话、复述、记录等能力。

在"说"这项技能训练方面,两套教材都包含了朗读和口语练习,但是《成功之路》的练习题型更丰富。《发展汉语》朗读部分针对词语、句子和短文进行练习,《成功之路》还增加了对音节的朗读训练。在口语练习部分,两套教材的题型都较丰富,《发展汉语》的口语练习包含汉字、词语的意思表达训练、师生问答、看图说话、情景表达、讨论、演讲,《成功之路》除了解释词语的意思外,也有大量的会话练习,形式包括看图说话、情景会话、根据材料组织会话、复述、讲述等。

在"读"这项技能训练方面,两套教材做法基本一致,都是给出一篇阅读文章,再设计相关的练习。《发展汉语》的阅读题型仅有回答问题、填表/填空、讨论/辩论,而《成功之路》的题型更多样,增加了阅读后说话、完成语段、排序、改写等题型,还特别突出读后分析文章的写作手段和段落关系的训练。

在"写"这项技能训练方面,两套教材都包含了词语类、句子/对话类、语段篇章类的题型,且占有较大篇幅,《发展汉语》还增加了"汉字类""拼音类"的书写题型,更注重汉字和拼音基础知识的训练。在"词语类"练习方面,《发展汉语》更关注多音字、形近字、量词、同素词、近义词、反义词、四字结构等汉语词汇中具有特色的词语,《成功之路》更关注词语的搭配和课文内容的复习。在"句子/对话类"练习中,除了常规的完成句子/对话、连词成句的练习外,《发展汉语》更关注句子的改写和改正,而《成功之路》更关注句子的修辞和句子层次关系的分析。在"语段篇章类"的练习中,《发展汉语》的题型只包括段落中句子的组织、课文内容的复习和写作,而《成功之路》还增加了改写和缩写、段落排序、分析修辞类型和修辞效果等题型。

在"综合运用"的练习设计中,两套教材题型都较丰富,《发展汉语》以"调查分析"和"拓展学习"为主,同时还有游戏、查字典、制作通讯录等活动任务,《成功之路》除了应用练习外,更注重活动的设计,将活动类型加以细分,还特别设计了"课堂用语"模块。

二、语块练习的类型及分布

根据语块在教材中的呈现状况,我们依旧将练习中呈现的汉语语块类型分为显性语块和隐性语块两种,具体就教材练习来讲,我们将整道题都是考查语块用法的练习视为显性语块练习,将一道题中含有部分语块的练习视为隐性语块练习。下面依次统计两类练习在两套教材中的分布情况。

表 4-19　两套教材客观题中的语块练习分布

教材	显性语块练习	占客观题比例	隐性语块练习	占客观题比例
《发展汉语》	9	0.09%	12	0.12%
《成功之路》	30	19.11%	40	25.48%

表 4-20　两套教材主观题中的语块练习分布

教材	显性语块练习	占主观题比例	隐性语块练习	占主观题比例
《发展汉语》	36	8.89%	309	76.30%
《成功之路》	67	11.75%	445	78.07%

依据表 4-19 和表 4-20,从客观题来看,《发展汉语》教材中的语块练习数量明显少于《成功之路》。从主观题来看,《发展汉语》的显性语块练习比例依然较低,隐性语块练习比例和《成功之路》基本相当。综合两个表格,就语块练习的显隐情况来看,绝大部分的语块练习为隐性呈现,显性语块练习的比例较低,这说明语块在两套教材练习中的重要性并未得到重视。

三、语块练习的呈现形式

(一)显性语块练习

1.《发展汉语》中的显性语块练习呈现形式

《发展汉语》客观题中的显性语块练习很少,在我们统计的初、中、高三本教材中,只有 9 道题,基本都是成语、惯用语和短语类的练习,大致包含的题型有:(1)词语连线,构成合适的搭配;(2)熟读并选择合适的短语填空;(3)将成语和相关的意义连线,并填入合适的句子中;(4)把成语补充完整,并将成语写在相关的解释后面;(5)选择合适的成语填空。题目中考查的成语和惯用语如"一干二净、五颜六色、十全十美、千言万语、惊慌失措、不翼而飞、擦肩而过、筋疲力尽、不管三七二十一"等,都可以归入固定语块,考查的短语更丰富,如"租房子、包饺子、踢足球、参加婚礼、玩得怎么样、起得很晚、说得对不对、睡得不好、远远不够、想法落空、糟透了、和……挂钩"等,可以归入半固定语块或自由语块。

《发展汉语》主观题中的显性语块练习也不多,在我们统计的初、中、高三本教材中,有 36 道题,包含词语类(成语、四字词语、短语)和句子对话类两大练习形式。词语类练习主要有:(1)读词语(并写拼音);(2)模仿例子,用合适的词语填空;(3)把短语或成语补充完整;(4)仿照例子写出同样结构的四字词语;(5)把成语补充完整,并选用合适的改写句子。考查的语块有"如影随形、东躲西藏、莞尔一笑、胡说八道、我行我素、低三下四、无止无休、对不起、没关系、去银行、是不是、……得团团转、……不堪"等,大部分属于固定语块,仅有少量的半固定语块和自由语块。句子对话类练习主要有:(1)根据语境、提示或所给的结构格式完成句子/对话;(2)用所给的词语或格式改写句子;(3)用指定格式对句子进行提问。主要考查一些半固定语块,例如"跟……一样+形容词、把……称作/称为/叫作、说什么都/也……、除了……,还是……之类、想……就……、怪不得……,原来……"等。

2.《成功之路》中的显性语块练习呈现形式

《成功之路》客观题中的显性语块练习不多,在我们统计的初、中、高三阶段 8 本教材中,仅《进步篇 1》《冲刺篇 1》《成功篇 1》含有显性语块练习,有 30

道题,主要考查词组、四字词语和关联词语的用法,主要是固定语块和半固定语块,例如"活下来、坚持下来、乌烟瘴气、秋高气爽、按捺不住、自然而然、情有独钟、独一无二、浑然一体、依山傍水、津津乐道、倘若……,便……、幸好……,不然……"等,大致包含的题型有:(1)选择词组填空;(2)选择四字词语填空;(3)为四字词语选择合适的位置;(4)选择最恰当的句子与四字词语连线;(5)选择关联词语填空。

《成功之路》主观题中的显性语块练习有 67 道,在我们统计的初、中、高三阶段 8 本教材中,除了《入门篇1》《起步篇1》外,其他 6 本教材均含有显性语块练习,题型可分为词组或短语、句子或对话两个大类。词组或短语类练习包含的具体题型有:(1)朗读词组;(2)在横线上填上适当的词语或汉字,组成新的短语。主要考查半固定语块或自由语块的运用,例如:"继续下去、说下去、……的技术、认真地……、轻轻地……、……个不选、千……百……、各……各……、……不已"等。

句子或对话类练习包含的具体题型有:(1)用固定格式/结构进行会话练习;(2)用指定词语/结构/格式完成句子;(3)模仿例句,用指定关联词语完成句子;(4)选择适当的成语改写句子。考查的语块如"胡思乱想、困难重重、一帆风顺、绝无仅有、合情合理、扑朔迷离、另辟蹊径、是……的、动词＋上、不知道……才好、……总归是……、非……不……、不过……而已、倘使/倘如/倘若……,就/也……、假设……,那么/那……"等,可以归属于固定语块和半固定语块。

综上,我们将《发展汉语》和《成功之路》中的显性语块练习主要题型和考查的语块种类进行归纳对比,见表 4-21。

表 4-21　两套教材显性语块练习题型和考查的语块种类对比

教材	客观题		主观题	
	题型	语块种类	题型	语块种类
《发展汉语》	(1)词语连线,构成合适的搭配;(2)熟读并选择合适的短语填空;(3)将成语和相关的意义连线,并填入合适的句子中;(4)把成语补充完整,并将成语写在相关的解释后面;(5)选择合适的成语填空	固定语块、半固定语块、自由语块	(1)读词语(并写拼音);(2)模仿例子,用合适的词语填空;(3)把短语或成语补充完整;(4)仿照例子写出同样结构的四字词语;(5)把成语补充完整,并选用合适的改写句子。(6)根据语境、提示或所给的结构格式完成句子/对话;(7)用所给的词语或格式改写句子;(8)用指定格式对句子进行提问	固定语块、半固定语块

续表

教材	客观题		主观题	
	题型	语块种类	题型	语块种类
《成功之路》	(1)选择词组填空;(2)选择四字词语填空;(3)为四字词语选择合适的位置;(4)选择最恰当的句子与四字词语连线;(5)选择关联词语填空	固定语块、半固定语块	(1)朗读词组;(2)在横线上填上适当的词语或汉字,组成新的短语。(3)用固定格式/结构进行会话练习;(4)用指定词语/结构/格式完成句子;(5)模仿例句,用指定关联词语完成句子;(6)选择适当的成语改写句子	固定语块、半固定语块、自由语块

从表 4-21 来看,两套教材中的显性语块客观题题型数量相当,《发展汉语》的主观题中显性语块的练习题型更丰富一些。两套教材的显性语块练习都注重考查固定语块和半固定语块,对自由语块的考查相对较少。

(二)隐性语块练习

依据前文的统计结果(表 4-19 和表 4-20),在客观题中两套教材的隐性语块练习较少,平均占比为 12.8%,但在主观题中两套教材的隐性语块练习很多,平均占比为 77.3%。因此,我们分客观题和主观题两大类来讨论隐性语块类练习的呈现形式。

1.客观题中的隐性语块练习呈现形式

客观题中的隐性语块练习较少,呈现的形式也较单一,均是选择题,其中选择词语/短语填空的题型最多。这类题目在给出的备选词语中,将语块和非语块成分混在一起,忽视语块的完整性与独立使用的特征。如下面的例子[见《发展汉语》高级综合(Ⅰ)第 7 课],将固定语块"相提并论"与词语"逊色、人才、毕竟、于、不如、悠久"放在一起,很容易使学习者将"相提并论"视为一般词语,也注意不到其使用中的特殊结构"和……相提并论"。

逊色　人才　毕竟　于　相提并论　不如　悠久

(1)实际上,上海有很多优点可以和北京(　　),它们毕竟是中国最大的两个城市,而且是优秀(　　)集中的地方,不可能(　　)于别的城市。

(2)上海玩儿的地方(　　)北京多,到处是密密麻麻的高楼、花花绿绿的商店招牌,商业味儿浓(　　)文化味儿。

(3)上海作为大都市,(　　)只有一百多年的历史,哪里比得上北京历史(　　)呢?

还有少数题型是将语块融入分句、句子等更大的语言单位中,没有形式上的凸显,不易分辨。例如下面的两个例子,(1)"找出句中有错的部分"一题将"得到……许可"这个短语框架隐藏在分句(选项 D)中,还需要学习者辨别其与"得到……认可"的异同,难度较大。(2)"选择填空"一题将"要不是……,还……"这个句式框架嵌入题干和选项中,但是"要不是"没有得到突出显示,很难引起学习者注意,容易将此题当作一般的句子练习来处理。

(1)找出句中有错的部分(《成功之路》冲刺篇 1 第 5 课):(　　　)。

教学活动的对象——学生是有主观能动性的人,是学习的主体,教学是对
　　　A　　　　　　　　　　　　B
话、交流与传播知识的活动,只有真正得到学生一致许可的教学活动才是
成功的。
　　　C　　　　　　　　　　　　D

(2)选择填空(《成功之路》跨越篇 1 第 5 课)

要不是你给我打电话,(　　　)。
A.我才知道今天下午开会
B.我就知道今天下午开会
C.我还不知道今天下午开会
D.我却不知道今天下午开会

2.主观题中的隐性语块练习呈现形式

两套教材主观题中的隐性语块练习很多,在我们前文统计的主观题型中,大部分的主观题都隐含语块练习,可以分为两大类。

(1)将语块与词语混在一起作为提示内容,进行听、说、读、写的训练。常见的题型有:A.用所给的词语组成句子;B.用所给的词语和格式造句;C.用所给的词语完成句子/对话;D.用指定词语回答问题;E.根据提示看图说话;F.根据提示复述课文;G.根据参考词语和格式进行写作。以上这些练习的重心均在词语,训练学习者通过词语组成句子,并尝试连句成段。

例如,在下面①②③三个练习中,语块"改革开放、给……留下了、不仅……而且……、不知不觉、尽管……,还是……、……为的是……、幸亏……,要不然……、之所以……,是因为……"与其他词语具有同等的地位,学习者在

完成练习的过程中,较难注意到语块整存整取的特征,也比较容易出现使用偏误。

①用所给的词语组成句子[《发展汉语》中级综合(Ⅰ)第4课]:

中国　取得的　改革开放　给……留下了　成就　印象　他们　很深的

②用指定词语回答问题(《成功之路》进步篇1第3课):

瑞贝卡去哪儿旅行了? 她有什么收获?(不仅……而且……　另外)

③写作[《发展汉语》中级综合(Ⅰ)第10课]:

以《有这样的爱情》为题,给大家讲一个你曾经听到的、看到的或者自己经历的让人感动的爱情故事。(150字以上)

参考词语和格式:

幸福;相爱;勇敢;征服;拒绝;实践;欺骗;错过;约会;一生;童话;王子;公主;沉默;感动;不知不觉;始终;相爱;尽管……,还是……;……为的是……;幸亏……,要不然……;之所以……,是因为……。

(2)没有提示内容,根据要求完成听、说、读、写的任务。常见的题型有:A.听后回答问题;B.看图说话;C.根据实际情况进行问答训练;D.朗读句子,注意停顿和语调;E.按正确的顺序组成语段;F.分析多重复句的层次,并指出其层次关系;G.根据课文内容回答问题;H.阅读后回答问题;I.表达训练;J.朗读短文并仿写;K.写作训练。以上这些练习的重心在句子,训练学习者通过句子的表达逐渐过渡到成段表达。

这类练习属于自由表达,题目中没有提示词语或格式,在给出的问题、语句段落或任务中,也没有任何突出强调的部分(见下面的例子①②③),汉语语块在句段表达中的作用被忽视。学习者仅依靠自身的理解和背景知识,完成此类练习存在一定的难度,他们即便能说出或写出一些内容,也很容易出现不符合汉语语感的语句,离地道的汉语表达还存在差距。

①阅读后回答问题(《成功之路》提高篇1第2课):

作者觉得摆脱痛苦的最好的方法是什么?

②表达训练(《成功之路》冲刺篇 1 第 2 课)：

试说明一下你们国家父子关系的情况及面临的问题。

③朗读短文并仿写[《发展汉语》初级综合(Ⅰ)第 11 课]：

我是法国留学生，我从星期一到星期五都很忙，休息的时候，我喜欢在宿舍上网，也喜欢跟朋友聊天儿。

三、编排问题及建议

(一)显性语块练习

显性语块练习在两套教材的客、主观题中所占比例很低，平均为 9.6％和 20.64％，要通过科学研究，明确语块练习在教材中的比重，提高显性语块练习在教材练习中的地位，特别是客观题中显性语块的练习比例。

显性语块练习题型不多，形式呆板。客观类主要包括连线、填充、选择几种题型，主观类主要包括注音、释义、填空、完成句子/对话、改写、仿写、会话几种题型。以上练习类型都是常见题型，适用于所有的语言要素练习，且每种题型只侧重考查学习者听、说、读、写中的某一项语言技能。可以说，现有题型基本将语块等同于一般词汇，对语块在交际中的作用和价值突出不够，缺少语块整体记忆、理解、提取、运用类的题型。因此应以学习者为中心，以语块的整体习得为导向，将语块习得作为语言习得的重要组成部分，打破教材练习编排的常规做法，积极探索语块在汉语教材中的有效练习形式。

(二)隐性语块练习

隐性语块练习在现有汉语二语教材中占比很高，可见教材不是缺乏语块练习，而是没有区分语块和非语块练习，这和教材一贯重视"词汇"和"语法"两条腿走路的传统有关。语块是词汇和语法的结合体，是语言的独立使用单位，整存整取，无须经过语法分析就可以直接使用。因此，教材需要打破传统做法，尝试将一些隐性语块练习独立出来，和显性语块练习加以整合，凸显语块的地位和重要性。

(三)具体建议

汉语二语教材可以设置专门的"语块练习"模块，在这一模块中，单独呈现每一课的语块知识并加以操练。练习形式可以在借鉴传统的基础上加以创新,例如可以依据语块习得的顺序,设置"语块认读-语块理解-语块记忆-语块运用"几个部分,引导学习者逐步习得并掌握常用语块。

(1)在"语块认读"部分,归纳本课的常用语块并适当加以拓展,按照语块的不同类型分别呈现。可以设计跟读、熟读、注音等题型。

(2)在"语块理解"部分,呈现本课常用语块在课文中的用法,并附加一些例句呈现其常见用法,引导学习者在一定的语境中理解语块。可以设计选择、释义、连线等题型。

(3)在"语块记忆"部分,简要分析语块的内部成分和整体意义,在加深理解的基础上引导学习者进行记忆练习。可以设计快读、默背、快说等口头练习活动。

(4)在"语块运用"部分,结合生活交际现实,创设目的语使用情境,引导学习者灵活运用所学语块,达到内化吸收的效果。可以多设计情境会话类的练习题目,把传统的"完成句子/对话"练习巧妙融合进去。

第五节　汉语二语教材中常用汉语语块的提取和整理

在第二章第四节,我们着眼于个例,展示了以介词为中心,如何使用大规模语料构建汉语语块的模式,归纳其类型和格式特征。本节着眼于全体,讨论如何在汉语语料中提取和整理常用汉语语块。

依据使用场合和目的的不同,汉语交际使用的语言材料存在一定差别,语块构成也有所不同。目前,汉语二语教学有汉字、词汇、语法、功能项目等方面的大纲或标准,教材中有生字表、词语表、语法点、功能项目,但用于二语教学的常用语块还是一个空白,再加之当前教材在语块呈现上存在问题,教师在教学实践中只能凭经验进行分散的语块教学。因此,我们选取来华留学生教材《发展汉语》初中高三个阶段的 6 本综合课教材课文为语料,从中提取常用语块,并依据出现频率的高低整理出常用语块表,为汉语语块的应用研究和教学实践提供参考。

一、提取范围

就汉语二语教学来说,虽然不同版本的教材语料有别,但语块种类及其在教材中的比例是大致一样的,以《成功之路》和《发展汉语》的综合课教材为例,

《顺利篇》(1、2)和《中级综合》(Ⅰ)的教学阶段和课文数量基本相当①，课文所含的语块数量和类型比例也基本一致，见表4-22。从表4-22的统计来看，在教材课文中半固定语块的比例最高，自由语块次之，固定语块最低。

表 4-22 《中级综合》(Ⅰ)和《顺利篇》(1、2)中的语块分布

教材	固定语块	半固定语块	自由语块	语块总数
《发展汉语》中级综合(Ⅰ)	138(13.3%)	459(44.2%)	442(42.5%)	1039
《成功之路》顺利篇 1、2	134(12.9%)	467(45%)	436(42%)	1037

从不同类别语块在教材课文中分布的稳定程度来看，半固定语块比较稳定，而固定语块和自由语块会随着教材版本和语料来源的不同，发生较大的变化。我们统计了《发展汉语》中级综合(Ⅰ)和《成功之路》(顺利篇 1、2)课文出现次数≥2 次的语块，有 24 个语块同时出现在两套教材中，见表4-23。

表 4-23 《中级综合》(Ⅰ)和《顺利篇》(1、2)中≥2 次的语块

序号	语块	在《发展汉语》中的数量	在《成功之路》中的数量
1	在……里	18	13
2	从……到……	10	6
3	不好意思	8	3
4	在……上	8	12
5	越来越……	7	5
6	在……中	7	8
7	当……时	6	3
8	虽然……但/但是/可是……	6	3
9	对……说	5	3
10	像……一样	5	3
11	……的时候	4	2

---

① 《顺利篇》(1、2)共14课，《中级综合》(Ⅰ)共15课，在两套教材的体系中都属于中级水平第一阶段的汉语教材。

续表

序号	语块	在《发展汉语》中的数量	在《成功之路》中的数量
12	对……来说	4	2
13	是……的	4	23
14	一……就……	4	4
15	尽管……但/但是/可是……	3	3
16	为什么……呢？	3	2
17	把……V 给……	2	4
18	不仅……而且/还……	2	3
19	不是……而是……	2	2
20	跟……一样	2	3
21	连……都/也……	2	4
22	是……还是……	2	5
23	因为……而	2	3
24	越……越……	2	3

　　从表 4-23 来看,除了"不好意思"属于固定语块外,其余 23 个语块均是半固定语块,自由语块的数量为 0。可见,自由语块在教材语料中出现的数量虽多,但重复率很低,具有很大的可变性,固定语块在不同语料中的重复率也不高。

　　另外,从语块的习得难度高低来看,语块内部成分凝固程度越高,越不易习得。依据第一章第三节关于汉语语块成员地位的探讨,汉语语块是一个边界开放的模糊集合,固定语块处于核心地位,是语块的典型成员,半固定语块次之,自由语块位于语块集合的边缘,且处于动态变化之中。因此,在二语习得中,固定语块需要在大量的语境中掌握字面义背后的深层含义,半固定语块需要在大量的语句格式中理解其表达的语法关系,此二者的习得难度相对较高,而自由语块组合较灵活,内部成分可分析,整体义可推导,虽然量大但可批量掌握(例如,由"房间"可以构成"打扫房间、整理房间、收拾房间、我的房间、一个房间、舒适的房间"等语块),习得起来相对容易。这一结论可以从学习者使用语块的偏误率得到印证,在第二章第二节我们对汉语学习者中介语语料的分析(表 2-3)中,成语、惯用语、固定短语(均属于固定语块)和句式框架、短语框架（均属于半固定语块）的偏误占到总偏误的79.3％，而常用搭配（自由语块）的偏误率只有17.2％。

综上，基于在不同语料中的覆盖率和习得难度两方面的考虑，为了保证常用语块在教学中具有更广的适用性，我们在本节提取和归纳整理汉语二语教学常用语块表时，将自由语块排除在外，只保留固定语块和半固定语块。

二、提取原则

1.形义完整

这是就语块本身来说的，指的是语块在形式上和意义上要完整，要同时满足结构固定和意义确定两个条件。固定语块在形式和意义上浑然一体，如"寸土寸金、不成样子、五花八门"等，即使有的语块能进行语法结构的切分，各组成部分的意义相加跟固定语块的整体比喻引申义也相去甚远，这类语块最容易识别和提取。半固定语块在形式上相对灵活，因此在提取固定成分相似的语块时，不能拘泥于形式长短，要从意义的完整性方面多加考虑，例如"越来越……"和"越……越……"在语料中的使用语境是不同的，前者表示某种动作、行为或状态的程度逐渐变化［见(1)］，后者表示随着某种动作行为的继续，某种状态、情绪或感受逐渐变化［见(2)］，因此确定为两个语块。

(1)在中国待的时间长了，我和这里的人们一样，似乎越来越在乎"面子"了。

(2)两个人聊了很久很久，越聊越高兴，不知不觉到了咖啡馆关门的时间。

2.经济实用

这是就语块使用来说的，指提取的汉语语块要符合语言经济性的原则，提取最精炼的成分，剔除冗余成分，以满足语言交际和教学的实际需要。在提取固定语块时一般无须考虑精简的问题。在提取半固定语块时，要考虑语块中固定成分的经济和实用，例如(3)中语块"遇到……的困境"，我们删去了"过"和"孩子没人照顾"这两个表示时态和限定的成分，直接展示"遇到"和"困境"的关系，但是保留"的"，提示语块中的可变成分用来修饰限制"困境"。再如(4)和(5)，我们提取语块"……得不得了"和"……得团团转"，没有进一步精简为"……得……"，即是考虑到语块中"不得了"和"团团转"的整体性和其表达的特殊意义。

（3）想一想，我也遇到过孩子没人照顾的困境。

（4）老板更是对他满意得不得了。

（5）记者们忙得团团转。

三、整理常用语块的步骤和方法

依据汉语母语者语感，我们从 6 册教材共 115 课的课文中，共提取汉语语块（固定语块和半固定语块）4064 个。

1.合并整理相似语块

在我们提取的 4064 个语块中，经整合统计，不计重复，共得到 2100 个不同的语块。需要整理合并的语块主要是半固定语块，具体包含三种情况。

（1）短语框架

某些短语框架中的固定成分意义相同或相近，可以合并为一个语块。例如①②中的"就……而论"和"就……而言"可以合并为"就……而论/而言"。类似的情况还有"就拿……来说/来说吧""和……有关/有关系""快/要/快要/就要……了"，等等。

①就中华民族而论，蒋氏两代对历史有所交代；就吾弟个人而言，可谓忠孝两全。

②就多数的个体而言，人的活动空间却在不断缩小。

（2）句式框架

某些句式框架中的固定成分意义相同或相近，可以合并为一个语块。例如③④⑤⑥中的"虽然……但……""虽然……但是……"和"虽然……可是……""虽然……却……"可以合并为"虽然……但/但是/可是/却……"。类似的情况还有"不但……而且/还/也……""不管……都/也……""既然……就/那么……"，等等。

③眼睛虽然是人体最重要的视觉器官，但与生物钟无关。

④虽然是老房子，但是周边的配套设施很齐全。

⑤虽然你已经不是小孩子了，可是妈妈还是对你有点儿不放心。

⑥那是一张美丽的脸，是一张虽然老了却仍然非常可爱的脸。

　　某些句式框架中的固定成分在合并时，可以抽象化为特殊的符号。例如"把……V 成……"就是从"把'被子'说成'杯子'""把我的头发剪成'板寸'""把一个乞丐变成了老板""把他锻炼成男子汉""把买彩票当成一种游戏""把旅行看成生活中最令人兴奋的事""把对方美化成天使"等众多语块中整理出来的，V 是对"说、剪、变、锻炼、当、看、美化"等动词进行的抽象概括。

　　(3)离合短语

　　离合短语的固定成分一般是具有动宾或动补关系的两个词，动词一般为单音节词，充当宾语或补语的可以是单音节或双音节词，动宾结构的离合短语中可填充的成分可长可短，复杂多样，动补结构的离合短语中的可填充成分一般为"得"和"不"。在整理离合短语时，需要将可变成分剔除，保留语块中的固定成分。例如表 4-24：

表 4-24　离合短语的整理样例

原始语块	整理后的离合语块
帮不上忙 帮过她的忙 帮了你的忙 帮了我的忙 帮一个忙	帮……忙
打了两个电话 打个电话 打他的电话	打……电话
下定决心 下了决心	下……决心
听得懂 听不懂	听……懂

　　2.统计频次

　　2100 个语块的出现频次相差很大，最高出现 74 次("在……中")，最低出现 1 次。具体见表 4-25。

表 4-25   2100 个语块的出现频次

表 4-25   2100 个语块的出现频次

出现频次	语块数量	出现频次	语块数量	出现频次	语块数量
1	1599	12	5	25	2
2	244	13	1	27	1
3	85	14	3	28	1
4	44	15	2	30	1
5	26	16	2	32	3
6	25	17	2	40	1
7	13	18	4	56	2
8	9	19	2	66	1
9	8	20	3	74	1
10	4	21	1		
11	4	22	1		

3.确定常用标准

由表 4-25 可知,语块在课文语料中的分布很分散,绝大部分语块都只出现了 1 次。表 4-26 是各个频次区间的语块数量分布和百分比。

表 4-26   各频次区间的语块数量分布和百分比

频次区间	语块数量	百分比(%)
1	1599	76.1
2～4	373	17.8
5～9	81	3.9
≥10	47	2.2

依据表 4-26,1599 个语块(占 76.1%)只出现了 1 次,17.8% 的语块出现 2～4 次,随着出现频次的增加,语块数量急剧下降,出现 5～9 次的语块仅占 3.9%,而出现频次≥10 次的语块仅有 2.2%。

鉴于以上事实,我们将出现频次≥2 次作为筛选常用语块的初步标准,同时,我们在常用语块中区分"常用"和"次常用",将出现频次≥5 次的语块定为"常用语块",出现频次在 2～4 之间的语块定为"次常用语块"。这样,在 501 个出现频次≥2 次的语块中,包含常用语块 128 个,次常用语块 373 个,常用语块、次常用语块和总语块的比例大约为 6∶18∶100，即每 100 个汉语语块（固定语块和半固定语块）中，约有 6 个常用语块，18 个次常用语块。

4.检验和比对

为检验 501 个常用和次常用语块的科学性，我们将这 501 个语块的类别（表 4-27）与最早提取的 4064 个原始语块的类别（表 4-28）进行了比对。

表 4-27　501 个常用和次常用语块的类别及比例

语块类别	语块数量	百分比(%)
成语	26	5.2
固定短语	45	9.0
惯用语	3	0.6
离合短语	41	8.2
独立语、插入语、交际习语	21	4.2
专有名称	48	9.6
短语框架	143	28.5
句式框架	114	22.8
受限组合	60	12.0
总计	501	100.0

表 4-28　4064 个原始语块的类别及比例

语块种类	语块数量	百分比(%)
成语	217	5.3
固定短语	388	9.5
惯用语	86	2.1
离合短语	293	7.2
独立语、插入语、交际习语	139	3.4
专有名称	376	9.3
短语框架	1385	34.1
句式框架	850	20.9
受限组合	330	8.1
总计	4064	100.0

　　表4-27是合并整理过的501个常用和次常用语块,表4-28是课文语料中提取的4064个原始语块。从两个表格的对比来看,501个语块中各类别的比例与原始语料中各类别语块所占比例基本一致,比例最高的是短语框架和句式框架(占比均超过20%),其次是固定短语、离合短语、专有名称和受限组合(每种类型约占10%左右),比例最低的是成语、惯用语、独立语、插入语和交际习语(平均占比小于5%)。可见,我们确定的常用和次常用语块与汉语语块在自然语料中的使用状况是相吻合的。

　　5.复核和删减

　　为保证筛选出的常用和次常用语块的科学性和实用性,我们对501个语块进行逐一复核,并适当删减,共删去专有名称48个,受限组合60个,得到393个语块。

　　专有名称是人、国家、机构、单位、组织等的名称,虽属于固定语块,但是这些语块的分布与语料关系密切,在不同语料中复现的频率很低,而且专有名称内部成分之间的组合关系并不像成语、固定短语那么紧密,如"绿色屋顶公司、都市快报、人才大市场、体育彩票"等,整体意义均可以由内部成分义推导出来,教学和习得难度较小。另外,在现实生活中,许多专有名称可以简化为字母词,如WTO(世界贸易组织)、CCTV(中国中央电视台)、HSK(汉语水平考试)、SOHO(在家办公)、FBI(美国联邦调查局)、CEO(首席执行官)。因此,我们将此类语块从常用语块中删除。

　　受限组合属于半固定语块,大部分受限组合中的固定成分相当于词缀,含有相同固定成分的受限组合具有一定的聚合特征,如"消费者/追求者/参赛者/保护者""职场人/外星人/本地人""SOHO族/拇指族/上班族""科学性/平等性/神秘性/隐蔽性/可能性""有利于/有助于/有益于""毫不犹豫/毫不在乎/毫不关心""难以满足/难以启齿/难以承受""痛苦不堪/疲惫不堪/杂乱不堪"。在教学中教授此类语块时,只需分类讲清固定成分的意义,以及与其组合的可变成分的类别特征,学习者即可批量掌握。因此,我们在整理常用语块表时,也将此类受限组合排除在外。

　　6.标注语块类别、教学级别和常见用例

　　经过以上步骤,共得到常用语块109个,次常用语块284个。我们对每个语块的类别和教学级别进行标注,并根据教材课文原始语料,对其中的半固定语块标注常见用例。在标注语块类别时,分为固定语块、半固定语块两大类,其中成语、固定短语、惯用语、独立语、插入语、交际习语归入固定语块,离合短语、短语框架、句式框架归入半固定语块。在标注教学级别时,按照语块对应的教材级别标注初、中、高三级,对于出现在多个教材级别中的常用语块,只标注其出现的最早(最低)级别。最后,得到完整的《发展汉语》综合教材常用语块表(详见附录二)。

四、教材常用语块的特征

1.类别

表 4-29　常用语块中不同类别语块的数量

类别	固定语块	半固定语块
常用语块(109)	18	91
次常用语块(284)	77	207
总语块(393)	95	298

从表 4-29 来看,无论在常用语块还是在次常用语块中,半固定语块都多于固定语块,在 109 个常用语块中,固定语块和半固定语块的比例大致为 1∶5,在次常用语块中,两者的比例大致为 1∶2.7,可见,随着常用度的降低,固定语块的数量明显增加。总的来看,在我们归纳出的 393 个总语块中,固定语块和半固定语块的比例约为 1∶3。

2.教学级别

表 4-30　常用语块中不同级别语块的数量

级别	初级	中级	高级
常用语块(109)	78	28	3
次常用语块(284)	80	124	80
总语块(393)	158	152	83

从表 4-30 来看,在 109 个常用语块中,初级语块的比例最高,中级次之,高级最低,初、中、高三者比例大致为 26∶9∶1。在 284 个次常用语块中,中级语块数量最多,初级和高级语块数量相当,初、中、高的大致比例为 1∶1.6∶1。总体来看,393 个语块中初、中、高三个级别语块的比例大致为 2∶2∶1,初级和中级阶段的语块数量持平,高级语块最少。

3.出现频次≥10 次的语块

在 393 个语块中,我们特别关注了出现频次≥10 次的语块,共 41 个,可以看作常用语块中的高频语块。

表 4-31　出现频次≥10 次的语块

序号	语块	出现频次	语块类别	教学级别
1	在……中	74	半固定语块	初
2	在……上	66	半固定语块	初
3	是……的	56	半固定语块	初
4	在……里	56	半固定语块	初
5	……的时候	40	半固定语块	初
6	从……到……	32	半固定语块	初
7	当……时	32	半固定语块	初
8	越来越……	32	半固定语块	初
9	虽然……,但/但是/可是/却……	30	半固定语块	初
10	太……了	28	半固定语块	初
11	对……说	27	半固定语块	初
12	如果……,就……	25	半固定语块	初
13	一……就……	25	半固定语块	初
14	即使……,也……	22	半固定语块	初
15	当……的时候	21	半固定语块	初
16	越……越……	20	半固定语块	初
17	连……都/也……	20	半固定语块	初
18	在……时	20	半固定语块	中
19	像……一样	19	半固定语块	初
20	把……V 成……	19	半固定语块	初
21	……不……	18	半固定语块	初
22	又……又……	18	半固定语块	初
23	把……V 在……	18	半固定语块	初
24	不好意思	18	固定语块	初
25	为了……,……	17	半固定语块	初
26	……,甚至……	17	半固定语块	中

续表

序号	语块	出现频次	语块类别	教学级别
27	一边……，一边……	16	半固定语块	初
28	对……来说	15	半固定语块	初
29	既……，又……	15	半固定语块	初
30	不但……，而且/还/也……	14	半固定语块	初
31	不仅……，而且/还……	14	半固定语块	初
32	你好	13	固定语块	初
33	V一V	12	半固定语块	初
34	和……一样	12	半固定语块	初
35	不是……，而是……	12	半固定语块	初
36	是……，还是……	12	半固定语块	初
37	吃……饭	11	半固定语块	初
38	……比……ADJ.	11	半固定语块	初
39	把……V得……	11	半固定语块	中
40	只要……，就……	10	半固定语块	初
41	不得不	10	固定语块	中

　　依据表 4-31,在 41 个出现频次≥10 次的高频语块中,仅有 3 个固定语块,其余 38 个均为半固定语块,且多为短语框架和句式框架。出现在中级阶段的有 4 个语块,其余 37 个均出现在初级阶段。

　　综合以上三个表格,大多数的常用和高频语块出现在初级阶段,初级阶段是学习汉语语块的重要阶段,在这一阶段,掌握一定数量的半固定语块是培养语块意识和汉语语感的基础。到了中级和高级阶段,大量的固定语块逐渐成为学习的重点,语块学习更加灵活,在复习巩固半固定语块的同时,逐步掌握固定语块的整体意义和用法,是教学的重点所在。

第五章   结论

在国际中文教育事业蓬勃发展的今天,抓住汉语特征,寻求高效的汉语作为第二语言的教学法,探索新时期汉语二语教材的编写模式,意义重大。

在"特征篇",本书立足于语块研究的现状和汉语自身的特点,探讨汉语语块的特征和价值,尝试从汉语语用实际出发探讨汉语语块的类别、成员地位,从汉语作为第二语言的教学实践和大规模语料库出发构建汉语语块的模式。汉语语块是汉语研究不可缺少的一部分,其特征与汉语总体特征密不可分,语块不仅在结构上能体现汉语构词造句的基本规律,在语法和语用上也表现出实虚相间、位置灵活、富有弹性、口书有别等特性。这些特性应该作为汉语语块区别于其他语种语块的重要内容,指导并应用于汉语语块的定义、分类、功能、价值、教学等方面的研究,而我国目前在这方面的研究还很不够,在对汉语语块定义、分类、功能等宏观研究方面还未跳出西方语块理论的束缚,如何做到体现汉语特征依然任重而道远。本书基于汉语交际现实,尝试分析汉语语块的真实类别,总结出汉语母语者和二语学习者在使用汉语语块方面的不同特征,此外我们还基于范畴理论,对汉语语块进行狭义和广义上的区分,明确了不同范畴语块之间的关系,以上研究对语块定义和分类研究的进一步开展都有借鉴意义。同时,基于汉语教学实践发现的问题和大规模语料库,我们以个体介词为例,尝试构建汉语语块模式并探讨其特征,对语块构建具有启示意义。汉语语块研究在本体和应用方面都具有巨大的价值,也是目前研究有待于进一步努力的方向。

在"教学篇",本书主要讨论语块教学法在汉语作为第二语言教学的不同课型中的应用,并通过实证研究证明语块教学法的有效性。汉语作为第二语言的教学"教无定法、贵在得法",从20世纪50年代至今,教学法的更迭从未停止。教学法是教学理论的产物,语块教学法与"语块理论"密不可分,在这一教学法实施的过程中,除了将"构建语块-呈现语块-理解语块-运用语块"贯穿于教学的主要环节外,还要以言语训练为根本,区分口语和书面语,注意规范输入和自由产出之间的平衡,做到常用先教、常用多练。语块教学法不是对传统教学法的否定，而是将语块融入课堂教学的主要环节，将传统课堂的主要任务加以整合，以语块教学推动课堂教学顺利进行。基于综合课、听力课、口语课、阅读课这四门课的教学实践，笔者从亲自讲授的教学材料出发，清晰而完整地呈现了语块教学法在四种课型中的具体应用，其间充分运用了朗读、背诵、讨论、语块标注和归纳、模仿、自由表达等多种训练方法，尽量展示语块教学法的特征，但由于受教学实践所限，未能全面系统介绍语块教学法在汉语二语教学的不同课型和不同级别中的应用。在教学实证研究部分，本书就"对、跟、给、为"四个介词详细设计了教学实验，并辅以问卷调查和个别访谈，证明了语块教学法的有效性，这一研究属于个例研究，语块教学法在汉语作为第二语言教学中的有效性还需要大规模的实验来证明。

在"教材篇"，本书从语块理论出发，探讨现有汉语二语教材编排的现状和问题，对现有教材几大板块（生词、课文、练习）中的语块编写情况进行深入剖析，发现问题并提出建议，还针对目前大纲和教材中常用语块呈现相对不足的现状，讨论提取和整理常用语块的原则和方法，并整理出《发展汉语》综合教材常用语块表。教材编写作为"三教"问题之一，一直是学界关注的热点，但教材编写理论更新的速度远跟不上教学需求的变化。在当今国际中文教育大发展的背景下，教学模式、教学环境、教学对象的变化给传统教材带来巨大冲击和挑战，以"语块理论"反观教材编写，可以发现许多亟待改进的问题，传统教材中的生词、课文、练习等模块在"语块"的呈现和设计上着力不够，割裂了语块的完整性，不利于培养语感并产出地道的汉语。因此，服务于国际中文教育的教材编写和出版，应该打破常规，结合汉语特征，在语块的呈现和设计上下功夫。此外，汉语语块大纲的研制也应提上日程，基于大规模语料库，在充分研究汉语语块类别特征的基础上，制定科学的语块提取原则和方法，严格区分常用语块和非常用语块，是保证语块大纲科学性和实用性的必要条件。本研究整理的常用语块表适用于《发展汉语》综合教材，虽能基本展示教材语料中的语块面貌，但因语料范围有限，还存在许多不足，仅作为一个试验来展示。

综上，本书立足于汉语作为第二语言教学的实践，借鉴语块理论，探讨汉语语块的特征、教学和教材编写问题，是一次有益的尝试，但这仅是一个开始。

附录一 阅读课语块教学法
实践篇目原文

文章一：

塞翁失马的故事

这是一个古老而有名的成语故事，叫作"塞翁失马，安知非福"，也简称"塞翁失马"，故事是这样的。

在边远地方，住着一位智慧的老人。有一天，他的马无缘无故（for no reason at all）跑了，跑到了胡人的住地。家产受到很大损失。邻居们都来安慰他，劝他别太伤心了。谁知那老人却说："你怎么知道这不是一种福气呢？对我来说，也许这是一件好事呢！"

过了几个月，那匹马带领着一大群胡人的好马回来了。邻居们觉得他发财了，都前来祝贺他。那老人又说："谁知道这是不是一种灾祸呢？也许这并不是一件好事啊！"

老人的家中有很多好马了，别人都很羡慕他家。他的儿子爱好骑马，可是一次不小心，从马上掉下来，摔断了大腿，从此只能一条腿走路了。邻居们以为老人一定特别烦恼，都来慰问他。可那老人说："也许这又是一件好事呢！"

过了一年，胡人入侵（invade）边塞，健壮男子都拿起武器去作战。去打仗的人，大部人都死了。只有老人的儿子，因为只有一条腿，不能去打仗，保全了性命。

老子说：祸兮福所倚，福兮祸所伏，说的就是这个意思。

文章二：

学会赞美别人

中国人常说：多一个朋友多一条路。怎样才能交更多的朋友？怎样才能和别人搞好关系？怎样才能每天有一个好心情？有一个最好的办法，就是学会赞美别人。

在生活中，有些人朋友很少，主要原因不是大家不喜欢他们，而是他们在与人相处时，总是对别人要求太高，在他们眼里，别人这个也不好，那个也不好，最后，所有的人都觉得他不好，没有人愿意和他交朋友，他成了一个不受欢迎的人。

有的人很喜欢说话，但是不懂得说话的方法，那就是不会说话。因为他说的话不好听，别人不容易接受，这样的人也会让别人讨厌，即使有朋友，也会慢慢减少。最后还是一个不受欢迎的人。

如果你想成为一个被人喜欢的人，就必须学会赞美别人。因为，每个人都希望得到赞美，这是人人都需要的。赞美有很多的好处：老板对员工赞美，能使员工更加努力，取得更大成果；同学对同学、朋友对朋友赞美，能使关系更亲密；父母适当地赞美子女，可使他们更进步，学习成绩更好。

一个善于(be good at)发现别人优点而且经常赞美别人的人，一定会受到别人的尊敬。

不过，要注意的是，赞美别人千万不能太过分，如果赞美过分，别人会认为你不是个真诚的人。

文章三：

登山去香山

进入秋天，阳光充足、鲜花开放，天气也慢慢变得凉快起来。宜人的气候最适合人们到野外活动，登山就是其中一项有益身心健康的运动，不但锻炼了身体，而且放松了心情，真是一件好事情。

北京西边的香山，是一座名山，最高的地方是香炉峰，有557米高，有很多条山路到达山顶。一步一个台阶(step)，有的地方还有扶手(handrail)，大人孩子上山、下山时都很安全。

香山公园内有各种树木，绿树、花草成片。这里是北京空气最新鲜的地方之一，因此，每天有成千上万人到香山锻炼和游玩。

登山很容易，但是有以下几点需要注意：

选择一双合适的运动鞋，走起路来更轻松一些；衣服应多穿几件，在登山过程中，根据气温变化和身体情况可适当增减。

登山的时间和运动速度也很重要，不要走得太急。登山过程中不要休息，感到累可以慢一点儿。

雨天不影响登山，空气格外新鲜，锻炼效果更好。但要注意安全，小心路滑。

在登山前，对自己身体要了解。如有心、脑疾病时不要参加。老人登山，有伙伴更好,可以互相照顾。

总之(in a word),登山可以健身,但安全最重要。

文章四:

食品包装袋

甘泉玉米方便粥

真情传天下

营养千万家

甘泉食品　健康你我

执行标准:GB3461

卫生许可证:甘食字
2006(第 7648 号)

保质期:12 个月

生产日期:2009 年 9 月 1 日

地址:甘泉市吉祥镇

手机号:15097265414

净含量:100 克

产品介绍:

本产品采用优质玉米为原料,经先进工艺加工而成。营养丰富,食用方便。

食用方法:

取本产品适量倒入沸水中,搅拌均匀即可使用。

附录二 《发展汉语》综合教材
常用语块表①

1.常用语块（109 个）

序号	语块	语块种类	教学级别	常见用例
1	自由自在	固定语块	初	
2	不得不	固定语块	中	
3	不好意思	固定语块	初	
4	不知不觉	固定语块	初	
5	高薪养廉	固定语块	高	
6	各种各样	固定语块	初	
7	为什么	固定语块	初	
8	一下子	固定语块	中	
9	公说公有理，婆说婆有理	固定语块	中	
10	不客气	固定语块	初	
11	好啊	固定语块	初	
12	没关系	固定语块	初	
13	没问题	固定语块	初	
14	哪里	固定语块	初	
15	你好	固定语块	初	

---

① 在常用语块和次常用语块表中，我们逐一标注了语块的种类和教学级别，并对半固定语块标注了教材中的常见用例。

续表

序号	语块	语块种类	教学级别	常见用例
16	你呢?	固定语块	初	
17	也就是说	固定语块	中	
18	早上好	固定语块	初	
19	帮……忙	半固定语块	初	帮一个忙;帮了我的忙;帮过她的忙
20	吃……饭	半固定语块	初	吃过饭;吃顿饭;吃饱饭
21	舍……得	半固定语块	初	舍不得
22	受……了	半固定语块	初	受得了;受不了
23	听……懂	半固定语块	初	听得懂;听不懂
24	……不……	半固定语块	初	好不好;能不能;够不够;满意不满意
25	……的时候	半固定语块	初	休息的时候;地震刚刚发生的时候
26	……极了	半固定语块	初	高兴极了;好吃极了;灰心极了
27	……来……去	半固定语块	中	想来想去;跑来跑去;商量来商量去
28	V一V	半固定语块	初	玩儿一玩儿;比一比;试一试;想一想
29	边……边……	半固定语块	中	边擦眼泪边对他说;边吃边聊;边吃边谈
30	不……不……	半固定语块	初	不大不小;不长不短;不吃不喝;不离不弃
31	从……到……	半固定语块	初	从小到大;从树叶变黄到水面结冰
32	从……开始	半固定语块	初	从六月开始;从这一刻开始;从那天开始
33	从……里	半固定语块	初	从商店里;从浴室里;从录音机里
34	从……起	半固定语块	初	从那天起;从那时起;从毕业起
35	从……上	半固定语块	中	从报纸上;从地球上;从这个意义上
36	从……中	半固定语块	中	从交谈中;从路边的杂草中
37	当……的时候	半固定语块	初	当她最困难的时候
38	当……时	半固定语块	初	当别人都从外边回家过年时
39	对……来说	半固定语块	初	对你来说;对一些人来说;对人的一生来说
40	对……说	半固定语块	初	对他说;对我说;对服务员说

续表

序号	语块	语块种类	教学级别	常见用例
41	对于……来说	半固定语块	中	对于个人来说;对于国家和社会来说
42	给……打电话	半固定语块	初	给你打电话;给我们打电话;给房东打电话
43	给……起名字	半固定语块	高	给孙子起名字;给女儿起名字;给人起名字
44	跟……一起	半固定语块	初	跟你一起;跟我一起;跟她一起
45	和……见面	半固定语块	初	和我见面;和他见面;和对方见面
46	和……一起	半固定语块	初	和朋友一起;和中国人一起;和他们一起
47	和……一样	半固定语块	初	和正常人一样;和我一样;和这里的人们一样
48	和……有关/有关系	半固定语块	初	和中国有关系;和环境保护有关系;和彩票有关
49	快/要/快要/就要……了	半固定语块	初	快要到了;要过圣诞节了;快过春节了;就要结束了
50	离……远	半固定语块	初	离农贸市场远;离学校远;离我远
51	连……带……	半固定语块	中	连吃带拿;连参观带劳动;连拖带拉
52	是……的	半固定语块	初	是错误的;是一样的;是来送名片的
53	太……了	半固定语块	初	太久了;太宝贵了;太可怜了
54	听……的	半固定语块	初	听你的;听我的;听老公的
55	像……那样	半固定语块	中	像小男孩儿那样;像老师们那样;像人那样
56	像……似的	半固定语块	初	像水似的;像吃了大亏似的;像个主人似的
57	像……一样	半固定语块	初	像从前一样;像火一样;像童话书里写的一样
58	又……又……	半固定语块	初	又苦又咸;又粗又短;又吵又闹
59	越……越……	半固定语块	初	越开越快;越聊越高兴;越做越大
60	越来越……	半固定语块	初	越来越好;越来越重要;越来越在乎面子

续表

序号	语块	语块种类	教学级别	常见用例
61	在……（的）情况下	半固定语块	中	在万分紧急的情况下；在生意越做越红火的情况下；在完全没有心理准备的情况下
62	在……的时候	半固定语块	中	在她痛苦不堪的时候；在办公楼上班的时候
63	在……看来	半固定语块	中	在他们看来；在我看来
64	在……里	半固定语块	初	在家里；在电梯里；在不到两年的时间里
65	在……面前	半固定语块	初	在大家面前；在世界各地的无数陌生人面前
66	在……前	半固定语块	高	在电脑前；在半年前
67	在……上	半固定语块	初	在诗歌书架上；在路上；在晚会上
68	在……时	半固定语块	中	在赛前练习时；在与人打交道时
69	在……之后	半固定语块	中	在交往了一段时间之后；在经过再三讨论之后
70	在……中	半固定语块	初	在这一个月中；在大脑中；在悦耳的音乐声中
71	……比……ADJ	半固定语块	初	……比……大/好/聪明/快/辛苦；司苔拉比我大
72	……，甚至……	半固定语块	中	她的手指还是不能动,甚至手被热水烫坏了她都不知道
73	把……V 成……	半固定语块	初	把……当/看/说/变/美化/锻炼成……；有人把买彩票当成一种游戏
74	把……V 到……	半固定语块	初	把……带/聚到……；销售楼房的小姐把他们带到沙盘前
75	把……V 得……	半固定语块	中	把……擦/弄/洗/忘得……；一阵大雨把天空和世界洗得干干净净
76	把……V 给……	半固定语块	初	把……递/捐/推荐/转交/透露给……；绿把自己的心事透露给她的一个同学
77	把……V 在……	半固定语块	初	把……放/连在……；把野生的狼和家养的狗放在一起

续表

序号	语块	语块种类	教学级别	常见用例
78	把……V 做（作）……	半固定语块	中	把……比/当/叫做（作）……；西方人把中文叫作天书
79	不但……，而且/还/也……	半固定语块	初	他不但教我中国功夫，而且还教我很多做人的道理
80	不管……，都/也……	半固定语块	初	不管会发生什么，她都要尽力
81	不仅……，而且/还……	半固定语块	初	这个女人不仅有漂亮的外表，还有优雅的气质、得体的谈吐
82	不是……，而是……	半固定语块	初	现在我们不是面对面，而是通过一根电话线进行着战争
83	除了……（以外），还/也……	半固定语块	初	除了西班牙语和英语以外，你还得再学习一种语言
84	即使……，也……	半固定语块	初	即使人家能挣钱，也不一定会买账
85	既……，也……	半固定语块	初	学汉语没用，既不能挣大钱，也没什么出息
86	既……，又……	半固定语块	初	既帮了你，又让自己挣了钱
87	既然……，就/那么……	半固定语块	初	既然说出来了，就只好把盐放进去。既然不算偷，那么办完事骑回来放在这里就行了
88	尽管……，但/但是/可是……	半固定语块	初	尽管我们国家的人均收入差不多是中国人的好几倍，但是我们还是非常"小气"的
89	就算……，也……	半固定语块	中	就算他很有能力，也没有朋友
90	连……都/也……	半固定语块	初	连我老婆都催我来看看你。我连一口荤菜也不想吃了
91	每……就/都……	半固定语块	初	每隔一段时间，父子俩就要爬一次长城
92	宁可/宁愿……，也不……	半固定语块	中	他宁可在小饭店吃饭，也不愿意到那些富人常来常往的地方
93	如果……的话	半固定语块	初	故事到这里似乎应该结束了，如果没有那封信的话
94	如果……，就……	半固定语块	初	如果你再敢提这件事情，我就打你

续表

序号	语块	语块种类	教学级别	常见用例
95	是……,还是……	半固定语块	初	是贺卡,还是一种神秘的护身符
96	虽然……,但/但是/可是/却……	半固定语块	初	虽然是老房子,但是周边的配套设施很齐全
97	随着……	半固定语块	中	随着技术的普及,越来越多的创新产生
98	为……提供……	半固定语块	中	为残疾人提供更多工作岗位
99	为了……	半固定语块	初	为了能吃饱,他们想办法提高粮食产量
100	要是……,就……	半固定语块	初	要是能留下乖乖,就把它留下
101	一……就……	半固定语块	初	一看就知道
102	一边……,一边……	半固定语块	初	一边学习,一边打工
103	以……为……	半固定语块	中	以国家民族利益为最高准则
104	因……而……	半固定语块	中	因手术失败而变聋
105	因为……而……	半固定语块	中	因为物价低而感到惊喜
106	与其……,不如……	半固定语块	中	与其回家吃,不如打电话叫几个朋友一起吃
107	之所以……,是因为……	半固定语块	中	他们之所以这样,是因为欲望越来越大
108	只要……,就……	半固定语块	初	只要几天不见稿费汇单,心中就开始不安
109	只有……,才……	半固定语块	初	只有老家,才是我真正的家

2.次常用语块(284 个)

序号	语块	语块种类	教学级别	常见用例
1	彬彬有礼	固定语块	高	
2	不可开交	固定语块	高	
3	大惊小怪	固定语块	高	
4	低三下四	固定语块	高	

续表

序号	语块	语块种类	教学级别	常见用例
5	火上浇油	固定语块	高	
6	津津有味	固定语块	高	
7	聚精会神	固定语块	高	
8	可想而知	固定语块	中	
9	迫不及待	固定语块	高	
10	千山万水	固定语块	中	
11	日积月累	固定语块	高	
12	如释重负	固定语块	高	
13	入乡随俗	固定语块	初	
14	顺其自然	固定语块	高	
15	随时随地	固定语块	高	
16	我行我素	固定语块	高	
17	无可奈何	固定语块	中	
18	小心翼翼	固定语块	高	
19	以德报怨	固定语块	高	
20	义正词严	固定语块	高	
21	引人注目	固定语块	高	
22	悠然自得	固定语块	高	
23	愚公移山	固定语块	初	
24	缘木求鱼	固定语块	高	
25	支支吾吾	固定语块	中	
26	拨乱反正	固定语块	高	
27	不得了	固定语块	初	
28	不一会儿	固定语块	中	
29	不至于	固定语块	中	
30	出门在外	固定语块	中	

续表

序号	语块	语块种类	教学级别	常见用例
31	春夏秋冬	固定语块	中	
32	从来不	固定语块	初	
33	从来没	固定语块	初	
34	动不动就	固定语块	中	
35	反反复复	固定语块	高	
36	改革开放	固定语块	中	
37	干干净净	固定语块	初	
38	恭恭敬敬	固定语块	中	
39	过年过节	固定语块	高	
40	哈哈大笑	固定语块	中	
41	好不容易	固定语块	中	
42	好一阵	固定语块	高	
43	急急忙忙	固定语块	中	
44	焦虑不安	固定语块	高	
45	结结巴巴	固定语块	中	
46	开玩笑	固定语块	初	
47	客客气气	固定语块	高	
48	了不起	固定语块	初	
49	面对面	固定语块	中	
50	名胜古迹	固定语块	高	
51	亲爱的	固定语块	中	
52	清清楚楚	固定语块	初	
53	热泪盈眶	固定语块	高	
54	生儿育女	固定语块	中	
55	谁谁谁	固定语块	中	
56	随随便便	固定语块	高	

续表

序号	语块	语块种类	教学级别	常见用例
57	贪污受贿	固定语块	高	
58	谈天说地	固定语块	高	
59	辛辛苦苦	固定语块	初	
60	许许多多	固定语块	初	
61	一路上	固定语块	初	
62	再也不	固定语块	初	
63	做白日梦	固定语块	中	
64	不顺眼	固定语块	中	
65	知识改变命运	固定语块	中	
66	对了	固定语块	初	
67	据统计	固定语块	中	
68	另一方面	固定语块	高	
69	没错儿	固定语块	初	
70	您好	固定语块	初	
71	实际上	固定语块	高	
72	事实上	固定语块	高	
73	天啊	固定语块	初	
74	一般来说	固定语块	中	
75	早	固定语块	中	
76	这么一想	固定语块	高	
77	总而言之	固定语块	中	
78	抱……希望	半固定语块	初	抱任何希望
79	闭……眼睛	半固定语块	初	闭上眼睛；闭着眼睛
80	穿……内衣	半固定语块	中	穿着内衣
81	打……电话	半固定语块	初	打个电话；打来了电话；打了两个电话
82	发……短信	半固定语块	初	发个短信；发条短信；发来了短信

续表

序号	语块	语块种类	教学级别	常见用例
83	费……心思	半固定语块	中	费点儿心思;费尽了心思
84	干……活儿	半固定语块	中	干木匠活儿;干了一辈子木匠活儿
85	够……着	半固定语块	中	够得着;够不着
86	过……好年	半固定语块	中	过个好年
87	花……钱	半固定语块	初	花好多钱;花小钱
88	回……了	半固定语块	初	回得了;回不了
89	回……去	半固定语块	初	回得去;回不去
90	活……成	半固定语块	中	活得成;活不成
91	接……电话	半固定语块	中	接老板的电话;接到一个电话
92	开……晚会	半固定语块	初	开一个晚会;开了一个晚会
93	看……见	半固定语块	初	看得见;看不见
94	看……起	半固定语块	高	看得起;看不起
95	靠……住	半固定语块	高	靠得住;靠不住
96	离……开	半固定语块	初	离得开;离不开
97	爬……楼	半固定语块	中	爬十七楼
98	爬……楼梯	半固定语块	中	爬了一个月的楼梯;爬一辈子楼梯
99	拍……照片	半固定语块	初	拍了三张照片;拍了许多照片
100	欠……债	半固定语块	初	欠银行的债;欠下几十万元的债
101	去……了	半固定语块	初	去得了;去不了
102	忍……住	半固定语块	中	忍得住;忍不住
103	睡……着	半固定语块	中	睡得着;睡不着
104	算……上	半固定语块	高	算得上;算不上
105	挑……担子	半固定语块	中	挑着担子
106	忘……了	半固定语块	初	忘得了;忘不了
107	下……决心	半固定语块	中	下了决心;下定决心
108	吓……一跳	半固定语块	初	吓了一跳;吓了一大跳

续表

序号	语块	语块种类	教学级别	常见用例
109	想……到	半固定语块	初	想得到；想不到
110	用……着	半固定语块	初	用得着；用不着
111	挣……钱	半固定语块	初	挣大钱；挣的钱；挣点儿钱
112	中……奖	半固定语块	中	中了大奖
113	赚……钱	半固定语块	中	赚大钱；赚到钱
114	……得不得了	半固定语块	初	高兴得不得了；满意得不得了
115	……得要命	半固定语块	中	高兴得要命；紧张得要命
116	……什么的	半固定语块	初	里面放着空食品袋、空酸奶盒、脏袜子、废纸什么的
117	……时	半固定语块	中	回国时；开会时；走到江西山区时
118	……似的	半固定语块	中	不敢相信似的；针扎似的
119	……是……	半固定语块	中	理想是理想，现实是现实
120	……透了	半固定语块	中	烦透了；滑稽透了；糟透了
121	V 不 V	半固定语块	中	肯不肯；同意不同意
122	V 着 V 着	半固定语块	中	她读着读着，眼泪流了下来
123	拨通……的电话	半固定语块	中	拨通了办公室主任的电话；拨通了家里的电话
124	差不多都……	半固定语块	初	差不多都能听懂；差不多都忘记了
125	出乎……的意料	半固定语块	高	出乎我的意料；出乎大家的意料
126	从……搬到……	半固定语块	初	从屋子前面搬到后面
127	从……方面看	半固定语块	中	从好的方面看；从坏的方面看
128	从……来	半固定语块	初	从德国来；从外地来
129	从……来说	半固定语块	高	从另外一方面来说；从某种意义上来说
130	从……以后	半固定语块	初	从那以后
131	达到……的目的	半固定语块	高	达到推销的目的；达到了把自己从困境中解救出来的目的
132	当……的	半固定语块	中	当爹妈的；当父母的

续表

序号	语块	语块种类	教学级别	常见用例
133	当……之后	半固定语块	中	当这个过程完成之后;当我考上大学之后
134	得到……的赞许	半固定语块	高	得到祖父的赞许
135	对……的尊重	半固定语块	中	对客户的尊重;对我们职业的尊重
136	对……感兴趣	半固定语块	初	对书法感兴趣;对什么事情感兴趣
137	对……满意	半固定语块	初	对他满意;对这套房子满意;对他的回答满意
138	对……有好处	半固定语块	初	对您有好处;对健康有好处
139	对……有利	半固定语块	高	对政治有利;对各方有利
140	对……有兴趣	半固定语块	初	对看电视有兴趣;对写作有兴趣
141	该……了	半固定语块	初	该起床了
142	给……回信	半固定语块	高	给我回信
143	给……取名	半固定语块	高	给我取名;给父亲取名
144	跟……打招呼	半固定语块	初	跟我打招呼;跟熟人打招呼
145	跟……过不去	半固定语块	中	跟她过不去;跟自己过不去
146	跟……见面	半固定语块	初	跟她见面;跟中国朋友见面
147	跟……交流	半固定语块	初	跟中国人交流;跟家人交流
148	跟……聊天儿	半固定语块	初	跟我聊天儿;跟司机聊天儿;跟中国人聊天儿
149	跟……说话	半固定语块	初	跟我说话;跟爹说话
150	跟……一样	半固定语块	初	跟自己一样;跟我的一样;跟用嘴说话一样
151	跟……有关/有关系	半固定语块	初	跟网络有关;跟自己的生活经历有关;跟我是医生有什么关系
152	跟……约好	半固定语块	初	跟她约好;跟我约好
153	够……的	半固定语块	中	够累的;够气派的;够较真的
154	好像……似的	半固定语块	初	好像听懂了似的;好像亲眼看到了似的

续表

序号	语块	语块种类	教学级别	常见用例
155	好像……一样	半固定语块	中	中国文化好像围棋一样；好像一夜没睡一样
156	和……不同	半固定语块	中	和动物不同；和以往的动作不同
157	和……差不多	半固定语块	中	和"淑娴"丢失的时间差不多；和自己的儿子差不多
158	和……吵/吵架	半固定语块	中	和他吵；和长辈吵架
159	和……打交道	半固定语块	中	和陌生人打交道；和外界打交道
160	和……交谈	半固定语块	中	和别人面对面地交谈；和她交谈
161	和……联系	半固定语块	中	和这位主任联系；和您联系
162	和……聊天（儿）	半固定语块	初	和中国人聊天儿；和我聊天儿
163	和……商量	半固定语块	高	和他商量；和父亲商量
164	和……相比	半固定语块	中	和传统的绿化方式相比
165	将……罚下	半固定语块	高	将自己罚下；将其罚下
166	就……而论/而言	半固定语块	高	就国家民族而论；就吾弟个人而言；就多数的个体而言
167	就拿……来说/来说吧	半固定语块	中	就拿水果的种类来说吧，那简直是太多了，枣、葡萄、梨都是秋天的水果
168	看……的	半固定语块	中	看我的；看你的
169	看把你 ADJ 的	半固定语块	中	看把你急的；看把你高兴的
170	离……很遥远	半固定语块	高	离死亡很遥远；离老病很遥远
171	离……近	半固定语块	中	离家近；离朋友上班的地方很近
172	明白……的意思	半固定语块	初	明白大家的意思；明白老公的意思
173	能 V 就 V	半固定语块	初	能省就省；能不花就不花
174	请……吃饭	半固定语块	初	请你吃饭；请她一起吃顿饭
175	受过……教育	半固定语块	中	受过高等教育；受过什么样的教育
176	说……就……	半固定语块	中	说改就改；说干就干；说要什么就会有什么

续表

序号	语块	语块种类	教学级别	常见用例
177	同……相比	半固定语块	高	同发达国家相比;同国内广告相比
178	往……跑	半固定语块	初	往外跑;往下跑;往宾馆跑
179	往……走	半固定语块	中	往东走;往回走;往大门外走
180	为……担心	半固定语块	初	为这件事担心;为我担心
181	想……就……	半固定语块	中	想吃什么就买什么;想来就来;想走就走
182	向……汇报	半固定语块	高	向老板及时汇报;向上级汇报
183	向……请示	半固定语块	高	向书记请示;向康熙请示
184	向……推荐	半固定语块	中	向我推荐了一套住房
185	一天比一天……	半固定语块	初	一天比一天差;一天比一天瘦;一天比一天好
186	以……告终	半固定语块	高	以失败告终;以退出泰国市场告终
187	由……决定	半固定语块	高	由自己或家人决定;由秘书决定
188	又……又……又……	半固定语块	初	又辣又香又甜
189	与……不同	半固定语块	高	与两位前辈不同;与两小时以前完全不同
190	与……打交道	半固定语块	高	与人打交道;与电邮打交道
191	与……聊天儿	半固定语块	高	与你聊天儿;与想象中的情人聊天儿
192	与……无关	半固定语块	中	与生物钟无关;与现实世界无关;与感情无关
193	与……相比	半固定语块	中	与发达国家相比;与附近的高楼大厦相比
194	与……有关	半固定语块	中	与他过于嗜酒有关
195	再……不过	半固定语块	中	再合适不过;再容易不过
196	在……的过程中	半固定语块	中	在和外界打交道的过程中;在做事的过程中
197	在……的年代	半固定语块	中	在那个特殊的年代

续表

序号	语块	语块种类	教学级别	常见用例
198	在……的同时	半固定语块	中	在欢乐的同时；在给人们提供绿色食品的同时
199	在……东边	半固定语块	初	在超市东边；在运动场东边
200	在……后	半固定语块	中	在她受伤后；在有了比较正确的天文知识后
201	在……见面	半固定语块	初	在市中心广场见面；在一个小饭馆见面
202	在……途中	半固定语块	高	在出嫁途中；在去医务所的途中
203	在……下	半固定语块	中	在废墟下；在母亲的帮助和精心照料下
204	在……眼里	半固定语块	高	在她眼里；在北京人眼里；在多数人眼里
205	在……之间	半固定语块	高	在网络和现实之间；在两场录像之间
206	在……之前	半固定语块	高	在决定放弃参观之前
207	找……谈话	半固定语块	中	找我谈话；找阿杰谈话
208	正……呢	半固定语块	初	正上着课呢；正为这件事担心呢；正流行呢
209	最……不过	半固定语块	高	最平常不过；最好不过
210	做出……的决定	半固定语块	高	做出自首的决定
211	……比……ADJ得多	半固定语块	初	……比……高得多/快得多/好得多/准确得多；她比中国女孩子高得多
212	……不如……ADJ	半固定语块	初	……不如……好/方便；我的学习成绩不如别人好
213	……，否则……	半固定语块	中	再试着努力一次吧，否则，或许就是一次小的放弃，你就会与机会擦肩而过
214	……，更何况……	半固定语块	中	连我们山里人都不敢走，更何况你一个平原人呢
215	……固然……，但……	半固定语块	高	漂亮的简历固然重要，但你与众不同的特点更为重要
216	……还是……	半固定语块	初	你要茶还是咖啡
217	……，好……	半固定语块	初	我想去外地上大学，好摆脱他的控制

续表

序号	语块	语块种类	教学级别	常见用例
218	……,况且……	半固定语块	中	作为一个生命受到威胁的逃犯,黄继伟的心理变化谁也无法预测,况且,他也可能改变主意
219	……,特别是……	半固定语块	初	我们都想得到那件特殊礼物,特别是男同学
220	……,为的是……	半固定语块	中	当地有很多人家养驴,为的是让它报时
221	……,相反……	半固定语块	中	我没有感受到在悦耳的音乐声中工作的轻松与愉快,相反,却感受到了生活的压力
222	……,要不然……	半固定语块	中	AA 制好是好,但是追求姑娘的小伙子们,有时还是应该大方地掏钱请客的,要不然,连我都会笑话你是个小气鬼
223	……,以免……	半固定语块	中	千万别站在楼房旁边,以免被落下的东西砸伤
224	……,以至于……	半固定语块	高	她很随意就化解了矛盾,而且神态是那么自然,就像是一缕清风从你面前飘过,以至于他紧张的神经立刻就放松了
225	……,以致……	半固定语块	中	她的腿在半年前曾经被山上的一条狗咬得血流不止,她特地打了预防针,以致刚刚半岁的女儿连妈妈的奶都不能吃了
226	……,尤其是……	半固定语块	中	我最大的问题是不会和陌生人打交道,尤其是上司
227	……,再说……	半固定语块	初	你都这么大年纪了,连石头都搬不动,怎么可能搬走那么大的两座山呢?再说,那么多的土和石头放到哪儿去呢
228	……,至于……	半固定语块	中	同事需要知道他在做什么,更需要知道客户在做什么,至于老板,每天工作千头万绪,很难把你的口头汇报牢记记间
229	V 什么都……	半固定语块	中	干什么都干不下去;看什么都模模糊糊
230	把……V 出来	半固定语块	中	把……搬/拿/接出来;我和二姐在外工作,把爹娘一块儿接出来住几天

续表

序号	语块	语块种类	教学级别	常见用例
231	把……处死	半固定语块	高	大臣们认为应该把他处死
232	被……V 得……	半固定语块	高	被……逗/吹得……；仅仅才一个月，他的誓言就被那个傍晚清凉的风吹得无影无踪
233	被……V 为	半固定语块	高	被……讥笑/评价为……；司徒雷登还曾被同学讥笑为不会说英语的怪物
234	被 V 成……	半固定语块	中	被看/当成……；同样大小的图像会被看成大小明显不同，不动的物体会被看成移动的，黑色的图形会被看成彩色的
235	比……提前……	半固定语块	高	加拿大西部山杨发芽比半个世纪前提前了 26 天
236	不但……，反而……	半固定语块	高	学习不但没有完成，反而又揭开了新的一页
237	不光……，而且……	半固定语块	高	吃饭这时不光是填饱肚子的问题了，而且还是个让自己的自尊心得到满足的问题
238	不就……吗	半固定语块	中	这样我不就有机会读中文诗了吗
239	不论……，都……	半固定语块	中	不论餐厅环境多么优雅，都一定得抢着付钱
240	不是……，就是……	半固定语块	初	那就什么有用学什么吧，不是法语就是德语
241	不是……吗	半固定语块	初	那种语言不是早就废除了吗
242	不知/不知道……多少……	半固定语块	中	从那时起，一天不知要从外地运来多少只羊，才能满足北京人的馋嘴呢
243	趁/趁着……	半固定语块	中	趁天还没黑，赶快让人去上坟
244	出于……	半固定语块	中	出于礼貌，她还是答应了
245	除非……，才……	半固定语块	中	除非这样，才可能很快让前来支援的人听到

《发展汉语》综合教材常用语块表

续表

序号	语块	语块种类	教学级别	常见用例
246	除非……,否则……	半固定语块	中	除非当个老好人就是你的目标,否则,那十分之九应该为你的人生目标、理想生活让位
247	非……不……	半固定语块	高	非梧桐不栖
248	非……不可/不行	半固定语块	中	他非把橘子留下来不可
249	怪不得……,原来……	半固定语块	中	怪不得西方人把中文叫作天书,原来这种语言这么难
250	何必……(呢)	半固定语块	中	何必浪费大学的宝贵时光呢
251	即便……,还/也……	半固定语块	中	即便不工作,下辈子吃喝的钱也足够了。即便这样,有的人认为手机还应该能上网
252	将……V 成……	半固定语块	高	将……当/锤成……;青春期少年会将游戏中的暴力当成现实
253	就是……,也……	半固定语块	中	就是有车,在这高油价的时代,像咱们这样的也跑不起啊
254	没有比……更……的了	半固定语块	中	没有比这次考试更糟糕的了
255	哪怕……,也……	半固定语块	初	哪怕儿子再累,父亲也不背他
256	难道……吗?	半固定语块	初	难道她就没害怕过吗
257	能 V1 就不 V2	半固定语块	初	能骑车就不坐公交车
258	岂不是……	半固定语块	高	岂不是太过分了吗
259	如果……,那么……	半固定语块	高	如果对方是异性,那么就很有可能发展为一段网络爱情故事
260	尚且……,何况……	半固定语块	高	"人"和"入"这么简单的两个字教了那么多遍,他尚且分不清楚,何况其他呢
261	什么也 V 不……	半固定语块	中	什么也说不出来
262	时而……时而……	半固定语块	高	外面,时而是隆隆的飞机盘旋声,时而是震耳的炮火声

续表

序号	语块	语块种类	教学级别	常见用例
263	是……，而不是……	半固定语块	中	很多人是因为足够优秀，而不是足够有能力被招聘到著名的机构里
264	说什么都/也……	半固定语块	中	说什么都发不出去；说什么也得找到一个人来吃饭
265	虽……，但/可是/却……	半固定语块	高	上海虽大，玩儿的地方却远不如北京多
266	为……而……	半固定语块	中	为朋友一次次的请客而感到不好意思
267	为……所	半固定语块	中	为烟雾所困
268	为什么……呢	半固定语块	中	我为什么要哭呢
269	为什么不……呢	半固定语块	中	为什么不去学习中文呢
270	无论……，都	半固定语块	中	做事无论大小，都要尽到自己的责任
271	要么……，要么……	半固定语块	中	要么去图书馆借，要么去书店买法文诗集
272	一……就是……	半固定语块	中	她选择到北京大学学习新闻，一学就是五年
273	一旦……，就……	半固定语块	中	一旦你踏入球场，就进入了裁判的管辖范围
274	一面……，一面……	半固定语块	中	我一面研究中国古代哲学和文学，一面为报刊写文章
275	以……作为……	半固定语块	高	以生命作为代价
276	因为……，所以……	半固定语块	初	因为他决心要写一部有关长城的历史，所以他选择了历史专业
277	由于……，所以……	半固定语块	中	由于场地不大，球迷也很少，所以场上球员可以清楚地听到米图的哨声
278	与其……，宁可……	半固定语块	中	与其让她受这种折磨，他宁可把这种痛苦留给自己
279	再……，也……	半固定语块	中	天下的事再大，也大不过老百姓要吃饱饭
280	怎么能……呢	半固定语块	初	怎么能要他的礼物呢

续表

序号	语块	语块种类	教学级别	常见用例
281	怎么也/都 V 不……	半固定语块	初	现在生活好了,可是我节约的习惯却怎么也改不了
282	怎么知道……呢	半固定语块	高	你怎么知道鱼快乐呢
283	只不过……而已/罢了	半固定语块	中	只不过不是每天都这么顺心如意而已;只不过是恢复了原来的样子罢了
284	作为……	半固定语块	高	作为社会大众,我们将寻求方法以更有效地利用能源

参考文献

1.专著和论文集

Altmann(ed.). Cognitive Models of Speech Processing［M］. Cambridge, MA：MIT Press,1990.

Chao,Yuen Ren. A Grammar of Spoken Chinese.［M］.Berkeley and Los Angeles：University of California Press,1968.

Ellis, R. The Study of Second Language Acquisition ［M］.Oxford：Oxford University Press，1994.

Lewis, M. The Lexical Approach ［M］. Hove. England：Language Teaching Publications，1993.

Nattinger, J. R. &J. S. De Caricco.Lexical Phrases And Language Teaching［M］.上海：上海外语教育出版社，2000.

Sinclair, J. M. Corpus, Concordance, Collocation［M］. Oxford：Oxford University Press，1991.

Wray,A. Formulaic language and the lexicon［M］. Cambridge University Press,2002.

陈昌来.介词与介引功能［M］.合肥：安徽教育出版社,2002.

陈昌来.现代汉语类固定短语研究［M］.上海：学林出版社,2012.

范晓.介宾短语·复指短语·固定短语［M］.北京：人民教育出版社,1990.

冯胜利.汉语韵律句法学［M］.上海：上海教育出版社,2000.

傅雨贤,周小兵,等.现代汉语介词研究［M］.广州：中山大学出版社,1997.

侯学超.现代汉语虚词词典［M］.北京：北京大学出版社,1998.

孔令跃. 留学生汉语口语语块理解的个案研究［C］//汉语教学学刊. 北京：北京大学出版社,2012.

李如龙.辞和辞的研究［C］//国际汉语学报（第 3 卷第 2 辑）.上海：学林出版社,2013.

李如龙.汉语特征研究［M］.厦门：厦门大学出版社,2018.

李如龙.略论汉语的字辞构造特征［C］//国际汉语学报（第 5 卷第 2 辑）,上海：学林出版社,2015.

刘丹青.语序类型学与介词理论［M］.北京：商务印书馆,2003.

刘海燕. 日本汉语教学历史研究［M］.北京：中国传媒大学出版社,2017.

刘月华,潘文娱,故韡.实用现代汉语语法[M].增订本.北京:商务印书馆,2004.

吕叔湘.汉语语法分析问题[M].北京:商务印书馆,1979.

吕叔湘,等.现代汉语八百词[M].增订本.北京:商务印书馆,2003.

马杜娟.现代汉语常用介词语块研究[M].广州:世界图书出版广东有限公司,2016.

马杜娟.从语块理论看汉语作为第二语言的教材编写[C]//计国君.高等教育教学实践探索——厦门大学解决方案.厦门:厦门大学出版社,2020.

马杜娟.基于语料库的现代汉语介词语块探讨——以介词"对"为例[C]//国际汉语学报(第 5 卷第 2 期).上海:学林出版社,2015.

齐沪扬.现代汉语短语[M].上海:华东师范大学出版社,2000.

温端政.汉语语汇学[M].北京:商务印书馆,2005.

温端政.汉语语汇学教程[M].北京:商务印书馆,2006.

温端政,吴建生,马贝加.汉语语汇学研究[M].北京:商务印书馆,2009.

徐通锵.语言学是什么[M].北京:北京大学出版社,2007.

叶圣陶.叶圣陶论创作[M].上海:上海文艺出版社,1982.

叶圣陶.语文教育论集[M].北京:教育科学出版社,1980.

张谊生.现代汉语虚词[M].上海:华东师范大学出版社,2000.

赵元任.汉语词的概念及其结构和节奏[C]//袁毓林.中国现代语言学的开拓和发展——赵元任语言学论文选.北京:清华大学出版社,1992.

赵元任.汉语口语语法[M].北京:商务印书馆,1979.

赵元任.语言问题[M].北京:商务印书馆,1980.

中华人民共和国教育部.义务教育语文课程标准(2011 版)[M].北京:北京师范大学出版社,2011.

中国大百科全书总编辑编委会《语言文字》编辑委员会,中国大百科全书出版社编辑部.中国大百科全书·语言文字[M].北京:中国大百科全书出版社,1988.

周健,陈群.语感培养模式——对外汉语教学的理念与实践[M].北京:外语教学与研究出版社,2011.

周强,詹卫东,任海波.构建大规模的汉语语块库[C]//黄昌宁,张普.自然语言理解与机器翻译——全国第六届计算语言学联合学术会议论文集.北京:清华大学出版社,2001.

周文华.现代汉语介词习得研究[M].北京:世界图书出版公司北京公司,2011.

周正钟.语块教学法新探——理论、实证与教学延伸[M].苏州:苏州大学出版社,2014.

2.期刊文章

Selinker, Larry. Interlanguage[J].International Review of Applied Linguistics in Language Teaching,1972,10(3):209-231.

常新茹,张博.汉语二语学习者"再"+"不"语块偏误分析及教学建议[J].鲁东大学学报(哲学社会科学版),2018(2):58-64,84.

陈光伟.语块法在对外汉语词汇教学中的应用[J].广西师范学院学报(哲学社会科学版),2012(4):100-103.

陈红.汉语语块研究[J].社会科学家,2009(6):152-155.

崔立斌.韩国学生汉语介词学习错误分析[J].语言文字应用,2006(S2):45-48.

崔希亮.欧美留学生汉语介词习得的特点及偏误分析[J].世界汉语教学,2005(3):83-95,115-116.

房艳霞,江新.视觉输入增强对汉语二语学习者语块学习的影响[J].语言教学与研究,2020(5):41-52.

冯胜利.论汉语的"韵律词"[J].中国社会科学,1996(1):161-176.

冯秀红.汉英语块对比在对外汉语教学中的启示[J].语文建设,2013(30):7-8.

高珊.母语者和第二语言学习者汉语阅读中语块加工优势的眼动研究[J].世界汉语教学,2017(4):560-575.

耿直."汉语国际教育"十年来对外汉语教材编写研究综述[J].河南社会科学,2017(4):112-115.

桂诗春.我国外语教学的新思考[J].外国语,2004(4):2-9.

贾光茂,杜英.汉语"语块"的结构与功能研究[J].暨南大学华文学院学报,2008(2):64-70.

江新,李璧聪.不同语言水平和母语背景的汉语二语者语块使用研究[J].解放军外国语学院学报,2017(6):36-44,158.

姜丽萍.汉语教材编写的继承、发展与创新[J].华文教学与研究,2018(4):12-18.

孔令跃,史静儿.高级汉语学习者汉语口语语块提取运用研究[J].云南师范大学学报(对外汉语教学版),2013(3):8-15.

孔令跃.对外汉语教学语块研究述评[J].华文教学与研究,2018(1):49-57,69.

李慧,郑航,陈艳华.基于汉语中介语语料库的"V 单 + X"语块使用情况及其偏误类型分析[J].西华师范大学学报(哲学社会科学版),2015(3):72-78.

李慧.对外汉语教材中语块的呈现方式及其改进建议[J].云南师范大学学报(对外汉语教学与研究版),2013(2):9-14.

李慧.基于关联类型的汉语语块分类体系探讨[J].西华师范大学学报(哲学社会科学版),2013(2):99-103.

李兰霞.动态系统理论与第二语言发展[J].外语教学与研究(外国语文双月刊),2011(3):409-421,480-48.

李琳莹.介词"对"的意义和用法考察[J].天津师范大学学报,1999(4):71-75.

李玲.英汉语块对比研究[J].文史哲,2011(3):109-112,120.

李泉,金允贞.论对外汉语教材的科学性[J].语言文字应用,2008(4):108-117.

李如龙,杨吉春.对外汉语教学应以词汇教学为中心[J].暨南大学华文学院学报,2004(4):21-29,49.

李如龙.汉语的特点与对外汉语教学[J].语言教学与研究,2014(3):1-10.

李如龙.汉语特征研究论纲[J].语言科学,2013(5):477-484.

李如龙.论汉语国际教育的国别化[J].语言教学与研究,2012(5):11-17.

李如龙.论汉语和汉字的关系及相关的研究[J].语言教学与研究,2009(4):9-17.

李晓琪.关于建立词汇——语法教学模式的思考[J].语言教学与研究,2004(1):23-29.

刘连庚.学习语法和培养语感——访吕叔湘先生[J].语文学习,1985(1):54-55.

刘美,牟爱鹏.英语话语适切性培养途径探析[J].编辑之友,2012(7):89-91.

刘顺."对"和"对于"互换条件初探[J].济宁师专学报,1998(2):38-40,78.

刘运同.词汇短语的范围和分类[J].湖北社会科学,2004(9):90-92.

鲁川,缑瑞隆,刘钦荣.汉语句子语块序列的认知研究和交际研究[J].汉语学习,2002(2):13-22.

陆俭明.语言研究需要不断探索和创新——从英汉对比三例谈起[J].解放军外国语学院学报,2011(4):1-6,127.

罗春英,张燕军.对外汉语教材编写的对象国适应性问题研究——基于美国大学权威性汉语教材编写特点的分析[J].中国高教研究,2014(2):95-99.

马晓伟.浅谈语法教学与语块教学结合的可行性——语块理论在对外汉语教学中的应用[J].吉林省教育学院学报,2010(3):87-88.

倪宏玲,张连跃.四字格常用搭配语块及其教学方法[J].滁州职业技术学院学报,2019(4):72-74.

亓文香.语块理论在对外汉语教学中的应用[J].语言教学与研究,2008(4):54-61.

钱旭菁.汉语语块研究初探[J].北京大学学报(哲学社会科学版),2008(5):139-146.

尚新.语言类型学视野与语言对比研究[J].外语教学与研究(外国语文双月刊),2013(1):130-139.

沈家煊."零句"和"流水句"——为赵元任先生诞辰120周年而作[J].中国语文,2012(5):403-415,479.

宋若云.基于语块理论的对外汉语教材词语注释研究[J].国际汉语教学研究,2015(4):87-92.

苏丹洁,陆俭明."构式—语块"句法分析法和教学法[J].世界汉语教学,2010(4):557-567.

苏丹洁.构式是一条语块链——构式语块分析法的理论框架[J].语言科学,2012(3):241-253.

苏丹洁.构式语块教学法的实质——以兼语句教学及实验为例[J].语言教学与研究,2011(2):16-22.

苏丹洁.试析"构式-语块"教学法——以存现句教学实验为例[J].汉语学习,2010(2):83-90.

孙园园.对外汉语初级阶段综合课教材语块呈现研究——兼谈教材的改进[J].淮北师

范大学学报(哲学社会科学版),2016(3):160-165.

田建林,夏中华.语块教学及其在对外汉语教学中运用问题的探讨[J].渤海大学学报(哲学社会科学版),2017(6):106-110.

万涛,许丽芹.论适切性语言的交际功效[J].南昌大学学报(人文社会科学版),2007(4):144-147.

万莹.析介词"对"、"对着"[J].北京广播电视大学学报,2008(2):48-51.

王凤兰,于屏方,许琨.基于语料库的汉语语块分类研究[J].语言与翻译,2017(3):16-21.

王红果.浅析对外汉语词汇教学中的语块教学[J].亚太教育,2016(11):154-155.

王立河.语块教学法在对外汉语阅读教学中的作用[J].新闻传播,2013(5):259-260.

王钰.介词短语作定语四论[J].华东师范大学学报(哲学社会科学版),1999(4):96-103.

温端政.论语词分立[J].辞书研究,2002(6):1-10.

温竹馨.浅析对外汉语教材生词英译的问题及对策——以《发展汉语中级综合》为例[J].海外华文教育,2016(2):197-205.

吴世雄,陈维振.范畴理论的发展及其对认知语言学的贡献[J].外国语,2004(4):34-40.

吴应辉.汉语国际教育面临的若干理论与实践问题[J].云南师范大学学报(哲学社会科学版),2016(1):38-46.

薛小芳,施春宏.语块的性质及汉语语块系统的层级关系[J].当代修辞学,2013(3):32-46.

薛旭辉.英汉语块的称谓、特征和功能对比研究:认知语言学视角[J].外语教学,2014(3):30-35.

杨金华,李恒敏.语块及其在对外汉语教学中的应用——关于中级口语课进行语块教学实验的报告[J].海外华文教育,2011(2):15-21.

杨凯.真实性原则与对外汉语教材中的语料选择[J].现代语文(学术综合版),2014(8):99-100,101.

杨玉晨.英语词汇的"板块"性及其对英语教学的启示[J].外语界,1999(3):24-27.

易维,鹿士义.语块的心理现实性[J].心理科学进展,2013(12):2110-2117.

詹宏伟.L2语块的心理现实性研究——来自语音加工的证据[J].外语与外语教学,2012(6):12-16.

张伯江.被字句和把字句的对称与不对称[J].中国语文,2001(6):519-524.

张博.提高汉语第二语言词汇教学效率的两个前提[J].世界汉语教学,2018(2):241-255.

张娟.框架语块及其与对外汉语教学[J].大众文艺,2010(10):260-261.

张文莉,李思宁.留学生词汇韵律与语块意识习得分析[J].燕山大学学报(哲学社会科学版),2019(06):48-54.

张妍.频率、语义透明度对汉语母语者与中高水平学习者语块加工的影响[J].解放军外国语学院学报,2020(4):35-43.

赵葵欣.留学生学习和使用汉语介词的调查[J].世界汉语教学,2000(2):100-106.

郑航,李慧,王一一.语境中语块的加工及其影响因素——以中级汉语学习者为例[J].世界汉语教学,2016(3):401-418.

周健.语块在对外汉语教学中的价值与作用[J].暨南学报(哲学社会科学版),2007(1):99-104,154-155.

周小兵,陈楠."一版多本"与海外教材的本土化研究[J].世界汉语教学,2013(2):268-277.

周小兵.介词的语法性质和介词研究的系统方法[J].中山大学学报(社会科学版),1997(3):110-116.

周晓林.介词"对"与"向"之异同[J].汉字文化,2001(2):20-21.

3.硕博士论文

丛姗姗.汉语语块及其在留学生第二语言习得中的应用[D].长春:东北师范大学,2010.

付琨.介词框架"PpAu(来说)"研究[D].上海:上海师范大学,2004.

郭敏.面向对外汉语教学的介词研究——"对""对于""向""关于"[D].武汉:华中科技大学,2006.

何薇.汉语常用对象类介词的分析与教学[D].苏州:苏州大学,2004.

黄恩任.现代汉语对象类介词与动词的搭配研究[D].上海:上海师范大学,2012.

吉庆波.介词"对/向＋O＋V"的替换研究[D].沈阳:沈阳师范大学,2007.

李慧.现代汉语"V单＋NP"语块研究[D].北京:北京语言大学,2008.

龙海英.对外汉语教学中语块习得的必要性及教材语块处理研究——以《桥梁》为例[D].广州:暨南大学,2012.

鲁波.实用汉语语块界定、筛选和教学研究[D].广州:广州大学,2012.

马晓伟.语块理论与对外汉语教学[D].大连:辽宁师范大学,2010.

宋文杰.语块与句子加工——以框架语为例[D].上海:华东师范大学,2009.

王慧.二语习得中的汉语语块研究[D].广州:暨南大学,2007.

王文龙.对外汉语初级阶段语块构建研究[D].北京:北京大学,2013.

席建国.英汉介词研究的类型学视野[D].上海:上海外国语大学,2013.

杨丹毅."对于"类介词框架及其相关研究[D].上海:上海师范大学,2007.

袁瑞玲.基于第二语言教学与习得的汉语语块研究[D].济南:山东大学,2012.

周惊.对外汉语语块研究——以《汉语水平词汇等级大纲》为例[D].上海:华东师范大学,2009.

朱玲.基于句法特征的汉语韵律边界预测的研究[D].兰州:西北师范大学,2013.

后　记

　　从 2007 年 9 月正式成为厦门大学的一名对外汉语教师至今,已经有 14 个年头了。在这 14 年里,我一直在思考并实践着这样一些问题:怎么给外国人教汉语? 什么样的教学法才是最好的教学法? 如何教学才能轻松而高效?

　　经过多年的教学实践,我逐渐体会到"教无定法、贵在得法"这句话的真谛,教学对象不同,学习目的各异,年龄程度有别,教学法怎能一成不变? 但是我心中总有这样一个念头:汉语一定有一个根本的、万变不离其宗的东西,抓住了它,不就能提纲挈领,以不变应万变了吗?

　　2010 年我考取了李如龙先生的博士,接触并领略了李先生关于"汉语特征"思想的论述,逐渐有了拨云见日之感,原来先生倡导的汉语特征研究,就是我在教学中苦苦追求的根本啊! 在日后的学习研究中,我又接触到了语块理论,在李先生的指导下,以"现代汉语常用介词语块"为研究对象,完成了博士论文的写作,算是对汉语语块研究的第一次尝试。

　　本书可以算作博士论文研究的继续,更侧重于语块理论在汉语作为第二语言教学中的应用。写作过程持续了近两年,在这段时间里,我将自己多年的教学思考进行整理,并努力践行李先生关于"汉语特征"的思想,虽然很多时候力不从心,达不到先生所要求的高度和深度,但我还是满怀着感恩和忐忑,将这些文字付梓印刷,以期得到业内同行的批评指正。

　　感谢我的老师李如龙先生,他在学术上的造诣让我受益终生,先生年事已高,还不辞辛苦为我作序,并为书稿提出了许多中肯的修改意见。感谢我的同事在日常教学中的无私分享和协助,让我受益匪浅。感谢我的学生在教学中的配合,让我感受到"教学相长"的快乐。感谢我的家人对我工作和学术研究的默默支持,让我没有后顾之忧。感谢厦门大学"校长基金(20720161011)"为本书出版提供的资助,感谢厦门大学出版社编辑刘璐女士辛勤而细致的工作。

马杜娟

2021 年 12 月 1 日于厦门